LA CUARTA COPA
Desvelando el misterio de la Última Cena y de la Cruz

SCOTT HAHN

LA CUARTA COPA

Desvelando el misterio de la Última Cena y de la Cruz

Quinta edición

EDICIONES RIALP

MADRID

Título original: *The Fourth Cup. Unvelling the Mistery of the Last Super and the Cross.*

© 2018 *by* Scott Hahn. Publicado por Image, Crown Publishing Group, una división de Penguin Random House LLC.

© 2023 de la presente edición, traducida al castellano por Gloria Esteban, *by* EDICIONES RIALP, S. A., Manuel Uribe, 13-15, 28033 Madrid (www.rialp.com)

Primera edición: septiembre de 2018
Quinta edición: julio de 2023

ISBN (versión impresa): 978-84-321-5018-0
ISBN (versión digital): 978-84-321-5019-7
Depósito legal: M-22850-2023

Impreso en España   *Printed in Spain*
____
Anzos, S. L. - Fuenlabrada (Madrid)

A Marcus Grodi,
amigo muy querido,
peregrino y discípulo conmigo

ÍNDICE

PRÓLOGO

Jesús de Nazaret fue un hombre de muchos misterios. Habló en parábolas desconcertantes, realizó signos y milagros extraños, y planteó un enigma tras otro. Y a sus discípulos judíos y a las muchedumbres judías que recibían sus enseñanzas eso les gustaba, aunque muchas veces los dejara sin palabras.

Pero los misterios de Jesús no acabaron con su ministerio público. Según los evangelios, siguió haciendo y diciendo cosas desconcertantes hasta el momento de su muerte. Entre los grandes enigmas de la Pasión de Jesús se incluye la misteriosa promesa que realizó durante la Última Cena. La noche en que iba a ser traicionado, cuando la cena se acercaba a su fin, Jesús anunció solemnemente que no volvería a beber «del fruto de la vid» hasta la venida del «reino de Dios» (Lc 22, 18; cf. Mt 26, 29 y Mc 14, 25). Más adelante, de camino al Gólgota, los soldados le ofrecieron vino y Jesús, fiel a su promesa, «no lo bebió» (Mt 27, 34; cf. Mc 15, 23). El evangelio de Juan, por su parte, cuenta que en sus últimos instantes de vida, justo antes de morir en la cruz, *Jesús pidió que le die-*

ran vino: «Tengo sed» (Jn 19, 28). Y lo que es aún más misterioso: después de beberlo, afirmó: «Todo está consumado», inclinó la cabeza y entregó el espíritu (Jn 19, 30).

¿Cómo resolver este enigma? ¿Cómo es posible que Jesús prometiera en la Última Cena no volver a beber vino, que lo rechazara de camino a la cruz y que, acto seguido, cambiara de opinión y pidiese de beber justo antes de morir? ¿Cómo se pueden conciliar las palabras de Jesús en la Última Cena con las que pronunció en la cruz? ¿Rompió su promesa o fue otra cosa lo que ocurrió?

Y eso no es todo. Aún queda otro misterio por resolver: uno que tiene lugar *entre* el cenáculo y el Calvario. En el huerto de Getsemaní, cuando su oración se centra en su muerte, Jesús dice algo extraño: «Padre mío, si es posible, aleja de mí *este cáliz*; pero que no sea tal como yo quiero, sino como quieres tú» (Mt 26, 39). Y luego vuelve a decir: «Padre mío, si no es posible que esto pase *sin que yo lo beba*, hágase tu voluntad» (Mt 26, 42). Si fueras tú a quien estaban a punto de crucificar ¿habrías orado así? ¿Por qué habló Jesús de su muerte como de «beber» un «cáliz»? ¿A qué cáliz se refería?

En *La cuarta copa* Scott Hahn nos proporciona las claves para desvelar este misterio: el misterio de la Última Cena y de la cruz. Y lo hace de dos maneras: en primer lugar, retrocediendo a las raíces judías de lo que dijo e hizo Jesús; y, en segundo lugar, contándote la historia del viaje personal que lo llevó del protestantismo al catolicismo. El resultado se lee casi como una novela de detectives: un apasionante viaje de exploración que cambiará para siempre tu

12

forma de ver la Última Cena, la Pasión de Cristo y la Eucaristía.

Nunca olvidaré la primera vez que escuché a hablar a Hahn de la cuarta copa. Me quedé totalmente deslumbrado. Fue como si hasta entonces nunca hubiera leído la Pasión. No me malinterpretes: con esto no quiero decir que me pasara despierto noche tras noche preguntándome por qué en la Última Cena Jesús prometió no volver a beber vino y por qué el viernes santo pidió de beber. Tampoco es que me hubiera planteado exactamente por qué Jesús habló de su crucifixión como de beber «una copa». Todo eso me había limitado a darlo por hecho . Pero, después de escuchar la conferencia de Hahn, fue como si encajaran de repente las piezas de un puzle en el que ni siquiera me había fijado. Lo que *sí* me había preguntado siempre era esto: ¿por qué los católicos creen que la Eucaristía es *un sacrificio*? ¿No se entregó Jesús en el Calvario «de una vez para siempre»? ¿Qué relación existe entre la ofrenda de Jesús de su cuerpo y de su sangre en la Última Cena y su muerte en la cruz?

Si alguna vez te has preguntado lo mismo, si alguna vez has celebrado el Séder de la Pascua o si siempre has querido profundizar en las raíces judías de la Eucaristía, tengo algo que decirte: *lee este libro.* Y no te limites a leerlo. Reza con él. Medítalo. Y compártelo con otros.

Porque, si tú y yo tenemos algo en común, una vez empieces a contemplar el misterio de la Última Cena y de la cruz con los ojos de un judío de la antigüedad, tu vida cambiará por completo. Y es que, como demuestra Scott Hahn, la Pascua de Jesús que se inició en el cenáculo y quedó consumada en el Calvario *hoy sigue con nosotros*. Cada vez y dondequiera que se celebra la misa, el Misterio Pascual —es decir, el misterio de la «Pascua»— se hace realmente presente. *La cuarta copa*, además de desvelar el misterio de la promesa de Jesús, te proporciona ese vínculo perdido entre el cenáculo y el Gólgota, y te ayuda a ver con mayor claridad cómo el sacrificio de Cristo en la Última Cena y el sacrificio de Cristo en el Calvario son *el mismo sacrificio* ofrecido «por muchos para remisión de los pecados» y por la redención del mundo (Mt 26, 28).

Brant Pitre

INTRODUCCIÓN

En 1989 pronuncié por primera vez en Marytown (Chicago) una conferencia titulada «La cuarta copa», en la que abordaba algunas de las investigaciones que tres años antes me llevaron a convertirme al catolicismo. En aquella época era profesor adjunto de estudios religiosos en el College St. Francis de Joliet (Illinois). No ganaba mucho. No tenía una plaza fija ni había publicado nada. Pero era feliz porque era católico, y quería decírselo al mundo. Y tenía la oportunidad de hacerlo.

Estaba encantado de poder contar mi historia ante un pequeño auditorio de gente que tenía interés en ella; y me quedé más encantado aún de la entusiasta respuesta que recibió mi conferencia. Luego corrió la voz y hubo más grupos de gente que me invitaron a narrar mi «búsqueda de la cuarta copa», que yo planteaba como una historia detectivesca protagonizada por mí mismo (con el «Colombo» de Peter Falk como modelo) en el papel del patético investigador que soy en realidad.

Aquello sucedió hace millones de palabras, docenas de libros y miles de lecturas. No sé cuándo perdí la cuenta del número de veces que he hablado desde entonces de «la cuarta copa». No menos de varios centenares, desde luego. He tratado el tema en distintos continentes —casi in situ en el cenáculo de Jerusalén— ¡y hasta lo he contado en medio del mar!

El año pasado, hablando con un viejo amigo que había oído mi conferencia más de una vez a lo largo de los años, me dijo que nunca trataba «la cuarta copa» del mismo modo. Aunque siempre abarcaba el mismo período temporal, me basaba en acontecimientos distintos y en distintas fuentes antiguas.

Reconocí que tenía razón. Emprendí esta gran aventura entre 1982 y 1986, cuando aún era un marido joven, un padre primerizo, un pastor recién ordenado y un erudito novel. Me enfrentaba por primera vez a buena parte de la vida. Y entonces Dios provocó un caos y una confusión que amenazaron todo lo que estaba empezando a amar. Corría el peligro de perder cuanto me brindaba consuelo y confianza. Mi sacerdocio, mi cargo académico, mis amistades e incluso mi matrimonio podían venirse abajo.

¿Cómo iba a ser capaz de resumir esa experiencia en una sola conferencia?

Naturalmente, no era capaz. Por eso me limitaba a contar mi historia una y otra vez, tomando la Pascua como hilo conductor y sin perder de vista el reloj. Llenaba el tiempo con cualquier historia y con cualquier fuente que me pasaran por la memoria.

Mi amigo me sugirió que reuniera todas esas historias y todas esas fuentes en un único libro con todo lo que tenía de aventura y labor detectivesca.

Eso hice. Y aquí está.

He procurado evitar repetir lo que ya he contado en otros libros como *Roma, dulce hogar* (escrito en colaboración con mi mujer, Kimberly) y *La cena del Cordero*. Lo que cuento aquí pretende completar mis relatos anteriores.

Cuando estudiaba en un seminario protestante, a algunos nos gustaba cantar los himnos de antaño. Uno de ellos decía así:

Grato es contar la historia
del celestial favor,
de Cristo y de su gloria,
de Cristo y de su amor.

Hace muchos años la cantaba de corazón, y sigo haciéndolo hoy. Treinta años después, ser católico continúa haciéndome extraordinariamente feliz y sigo queriendo contárselo al mundo.

* * *

Nota acerca de las fuentes: Los acontecimientos de que trata este libro tuvieron lugar hace mucho tiempo. He procurado, en la medida de mis capacidades, complementar mis recuerdos basándome en los libros que leía por entonces. A veces, cuando me ha fallado la memoria, he tenido que acudir a otras fuentes recientes con las que estoy más familiarizado.

1. *¿QUÉ* ESTÁ CONSUMADO?

Estaba viviendo un sueño; o, en cualquier caso, mi sueño. Me había graduado en mi universidad favorita, me había casado con la mujer ideal y en ese momento estaba estudiando para convertirme en ministro de la Iglesia presbiteriana.

Una vez más, asistía a la Universidad cuidadosamente elegida por mí: el Seminario Teológico Gordon-Conwell. Mi esposa Kimberly y yo teníamos grandes expectativas y la Universidad respondía a ellas. Vivíamos en una comunidad donde las conversaciones del día a día giraban en torno a las Escrituras. Mis compañeros de clase compartían mis inquietudes y mi fervor. La Facultad contaba con académicos de primer orden y muchos de ellos eran también destacados predicadores.

Mi cristianismo era evangélico en la forma y calvinista en esencia. Yo conocía bien el mercado religioso del mundo protestante y elegí mi confesión con tanto cuidado como la universidad y el seminario. En Gordon-Conwell —a diferencia de casi cualquier otro lugar de este mundo— me hallaba entre gente a la que podía calificar de afín a mí. Juntos creamos un grupo de desayuno semanal y le pusimos por nombre Academia de Ginebra, en recuerdo de la escuela fundada por Juan Calvino, nuestro héroe de la Reforma, allá por el siglo XVI.

Estaba más que satisfecho con todas mis decisiones. Imposible diseñar un entorno más adecuado para desarrollar la vida intelectual a la que aspiraba. No me malinterpretes: había alumnos y profesores que disentían de mis amigos y de mí, pero nos tomábamos muy en serio sus argumentos: «Hierro se afila con hierro» (Proverbios 27, 17).

Así que la siguiente decisión a la que me enfrenté fue a qué iglesia asistir. Acertar con el culto dominical sería como poner la guinda a la experiencia. En aquella época el culto me parecía un ejercicio ante todo intelectual, un estudio bíblico condensado y adornado con himnos y oraciones. Desdeñaba cualquier indicio de ritual —de liturgia— por considerarlo una repetición vana: algo inútil y exactamente la clase de aberración de la que los reformadores habían liberado al cristianismo. La liturgia era para los descarriados: católicos, ortodoxos y episcopalianos, compañeros de viaje de los dos primeros.

Me pasé algún tiempo buscando antes de dar con la iglesia perfecta. Se hallaba en una población pequeña, a una media hora en coche de nuestro lugar de residencia. El pastor era Gordon Hugenberger, mi profesor de hebreo. Formado en Harvard y a punto de obtener un doctorado en Oxford, se convirtió en mi héroe, mi amigo, mi modelo y mi mentor. Aunque con el tiempo se ganó una fama merecida, todas sus inmensas dotes me resultaron evidentes desde la primera vez que lo oí predicar.

Era un hombre que infundía vida a las Escrituras. Poseía una vasta erudición. Dominaba a la perfección las lenguas clásicas. Se había licenciado en físicas, en ingeniería y en teología. Y se notaba. Pero él no se daba ninguna importancia y lo llevaba con un humor digno de mención. El Dr. Hugenberger trabajaba mucho sus sermones y siempre procuraba encontrar un detalle impactante: alguna novedad que ofrecer y con la que captar la atención de los fieles. Y luego, una vez atrapados, caíamos bajo su hechizo.

La línea de meta

Tengo un vívido recuerdo de un sermón que predicó el domingo anterior al de Pascua. Los fieles de las iglesias litúrgicas agitaban sus ramos y lo llamaban «domingo de Ramos»: nada que ver con nosotros. Pero ni siquiera en una iglesia evangélica se podía ignorar la cercanía de la Pascua y el tiempo que faltaba para su llegada; de modo que aquel «domingo *sin* Ramos» la predicación del pastor Hugenberger se centró en los acontecimientos del viernes santo.

Siempre lo hacía bien, pero nunca tanto como cuando captaba nuestra atención y la fijaba en la cruz que nos ha salvado. El material con el que trabajaba es riquísimo, más valioso aún que la plata y el oro, y él no desperdiciaba la ocasión.

Gordon Hugenberger era un maestro de la predicación y sabía calibrar con precisión sus palabras. Pero también estaba abierto al Espíritu Santo y, cuando hablaba, se dejaba llevar, aunque al hacerlo su hechizo pudiera romperse.

Nos hizo un relato de la Pasión, reuniendo el material a partir de los cuatro evangelios; y, al mismo tiempo, expuso la base teológica que se esconde entre líneas en el texto sagrado. Sus comentarios surgían siempre al hilo del drama, al hilo del relato: no se apartaba del tema, sino que seguía avanzando.

Hasta que llegó a Juan 19, 30, donde Jesús dice: «Todo está consumado»; y, de repente, se detuvo. Yo pensé que se trataba de un recurso dramático. Y estoy seguro de que todo el mundo pensó lo mismo.

No obstante, al proseguir se salió de la homilía que estaba pronunciando y nos preguntó si alguna vez nos habíamos planteado qué quería decir Jesús con ese «todo». *¿Qué* estaba consumado?

Como había estudiado homilética, comprendí lo que hacía. Planteando esa pregunta a los fieles nos preparaba para la respuesta antes de blandirla y golpearnos con ella. Yo estaba preparado. La cosa prometía.

Pero el golpe no llegó. El pastor Hugenberger admitió que carecía de respuesta. Era evidente que aquella digresión no formaba parte del sermón que llevaba escrito. Se trataba de una idea que había captado momentáneamente su atención.

Me removí en mi asiento mientras pensaba: *¡Claro que sabemos qué es ese* todo! *Es nuestra redención. Eso es lo que está consumado. Lo que está consumado es nuestra redención.*

Pero él, como si me hubiera leído el pensamiento, continuó: «Si os quedáis ahí sentados pensando que Jesús se refería a nuestra redención, deberíais darle otra vuelta». Y señaló que en Romanos 4, 25 Pablo dice que Jesús *fue resucitado* para nuestra justificación. De modo que su misión no quedó «consumada» ese viernes en el Calvario, sino el domingo siguiente en la Tumba del Jardín.

El pastor Hugenberger admitió que él no tenía la respuesta.

Y siguió adelante.

Pero yo no. Fui incapaz. Creo que no escuché una sola palabra más de su sermón.

Me quedé allí sentado, pasando con frenesí las páginas de mi Biblia y preguntándome: *Vale. Entonces ¿qué es ese todo? ¿Qué está consumado?*

No tengo ni idea de si canté el himno final.

Kimberly y yo salimos de la iglesia para encontrarnos con un espléndido día de primavera. El pastor estaba de pie a la salida, estrechando las manos de los fieles que pasaban a su lado.

Cogiéndole la mano, le dije:

—¡Eso no ha estado bien!

Se quedó de piedra. Entonces le expliqué a qué me refería.

Él dijo que no traía preparada esa pregunta retórica ni tenía intención de plantearla. Insistió en que estaba seguro de no poder responderla… y me animó a que la respondiera yo.

—¡Escarba, Scott! Investiga. Y vuelve con una respuesta.

Me pasé el resto de la tarde y la noche del domingo escarbando en el texto y en su contexto. Y no me paré ahí. De hecho, seguí estudiando durante días y semanas; en realidad, durante meses. Se podría decir que todavía hoy sigo buscando.

Mi primera ronda de investigación consistió en volver al texto y centrarme en él, leyendo primero el versículo en el original griego y luego sus distintas traducciones; cotejando primero los comentarios clásicos y luego las interpretaciones más recientes. Examiné el texto en su contexto. Analicé los pequeños detalles del pasaje más largo: la esponja empapada en vinagre, la minuciosa anotación de la fecha del calendario, la decisión de no romper las piernas del cadáver y la repetida mención del cumplimiento de la «Escritura».

Todas las notas al pie y todos los comentaristas me llevaban en directo a un único tema común, a un relato oculto detrás —o dentro (pero incuestionablemente inseparable de él)— del relato narrado por Juan en su evangelio. Ese tema común era la fiesta judía de la Pascua. Todos los detalles circundantes estaban relacionados con la observancia tradicional de esa fiesta. Tenía el presentimiento de que la clave del significado de «todo está consumado» también debía buscarse en la Pascua. La muerte de Jesús tuvo lugar durante la Pascua y todos los testigos oculares tendían a encontrar un significado en el momento providencial del acontecimiento. Ese día estaba presente en los detalles y, aparentemente, en cada uno de los detalles.

Aunque la literatura erudita sobre la Pascua podría llenar bibliotecas enteras, me sumergí en ella con frenesí. Todos y cada uno de los comentaristas señalaban que la Pascua era la fiesta anual en la que el pueblo judío renovaba su *alianza* con Dios. Y en ese punto los comentarios coincidían conmigo. En la teología de mi héroe, el reformador Juan Calvino, la alianza era un tema central, como lo era también en la teología de mi mentor y pastor. Calvino consideraba la alianza la clave interpretativa de toda la Biblia. La alianza definía el vínculo legal que configuraba y regía la relación de la humanidad con Dios desde los albores de la creación.

Ese «todo» que estaba consumado, fuese lo que se fuese, se hallaba ligado a la renovación de la Antigua Alianza con Israel y a la Nueva Alianza sellada con la Iglesia. Es más: en la salvación ese «todo» era algo central y no periférico. No era algo de lo que se pudiera prescindir.

Con el tiempo, ese «todo» pondría a prueba mi relación con la vida y con el sueño que tan cuidadosamente me había forjado.

Pero eso sucedió mucho más tarde. La búsqueda que empezó ese domingo solo tenía que ver con el referente de ese pronombre. La respuesta —estaba convencido— la encontraría en la Pascua, la fiesta que se convirtió en el objeto de mi búsqueda y, más adelante, en el tema de este libro.

2. LA PASCUA Y LA ALIANZA

La Pascua es la clase de tema que amenaza con superar a alumnos como yo. Naturalmente, no era la primera persona en reconocer su importancia capital. Tampoco fui el primero en sumergirme en el abismo de la investigación sobre el tema, ni he sido el primero en sentir la urgente necesidad de plasmar en un libro mis ideas sobre ella. Los volúmenes que encontré en la biblioteca de Gordon-Conwell eran muchos y estaban desgastados por el uso. Cargué con ellos hasta mi casa. Encorvado sobre la mesa, los leí hasta altas horas de la noche; y allí seguían esperándome cuando me levantaba a primera hora de la mañana. Estaba convencido de que en uno de esos libros —o en todos ellos— hallaría la respuesta a la pregunta de *qué* quedó consumado con ese grito de Jesús en la cruz.

Hace más de un siglo, el estudioso judío Hayyim Schauss señalaba que, tanto para los judíos del siglo I como para los de hoy en día, la Pascua era «algo más que *una* fiesta: ha sido *la* fiesta, la festividad de la redención»[1]. De hecho, en las fuentes judías antiguas y modernas el lenguaje de la redención y de la salvación se halla presente por todas partes.

Cosa que a mí, como cristiano, me parecía providencialmente oportuna. Si para los judíos la Pascua es *la* fiesta de la redención, para Jesús —judío entre los judíos— aquel era el momento apropiado para consumar su misión redentora.

Jesús no otorgaba la misma importancia a todos los elementos de su tradición. No dudó en descartar algunas costumbres, mientras que otras las observó devotamente. No dudó en sanar en Sabbath, por ejemplo, aunque ese día los fariseos prohibían trabajar. Tampoco dudó en tratar con extranjeros —incluso con extranjeras—, algo prohibido también por los fariseos. No obstante, los evangelios demuestran su regular observancia de la Pascua, tanto en su infancia como durante su ministerio público. Lo que yo quería saber era qué significaba la Pascua para él, para los suyos y para los testigos oculares cuyo testimonio recogían los evangelios.

Suelo de plagas

A lo que nosotros hoy llamamos Pascua los antiguos lo llamaban *Pésaj*: una raíz hebrea que significa «saltarse algo» o «pasar de largo». La fiesta conmemora el milagro más espectacular de los muchos realizados por Dios cuando liberó a los hebreos de la

---

[1] Hayyim Schauss. *The Jewish Festivals: A Guide to Their History and Observance.* Nueva York: Schocken, 1996 (reimp).

28

esclavitud en Egipto. El monarca egipcio, el faraón, se negaba con insistencia a permitir que sus esclavos practicaran su religión. Dios respondió a su negativa con una serie de plagas que se abatieron sobre el pueblo egipcio. Pero el faraón no se arredró. El capítulo 12 del libro del Éxodo narra la historia de la última plaga que se cobró la vida de todo hombre y animal primogénito en suelo egipcio.

No obstante, Dios dio a Moisés y a Aarón instrucciones detalladas sobre el sacrificio que debían hacer los hebreos: la ofrenda de un cordero con cuya sangre tenían que pintar los dinteles y los marcos de las puertas de sus hogares. Cuando el ángel de la muerte pasara por las casas, «se saltaría» a las familias de los hebreos. Sus primogénitos quedaban perdonados. Quedaban excluidos. Quedaban salvados. Sus vidas quedaban pagadas con el precio de la sangre del cordero pascual.

Pero la historia, evidentemente, no acabó ahí. Todo el mundo conoce el resto del relato: si no es por la Biblia, al menos por las versiones de Hollywood. Aunque el faraón permitió a los israelitas salir de su territorio, más tarde se arrepintió y emprendió su persecución. Las aguas del Mar Rojo, después de separarse para dejar pasar a los israelitas, volvieron a juntarse engullendo al ejército del faraón. El pueblo elegido anduvo errante durante cuarenta años, milagrosamente alimentado por Dios. De Él recibió la ley. Y, finalmente, entró en la tierra prometida.

Por memorables que fueran esos acontecimientos, el pueblo elegido era olvidadizo y Dios quiso asegurarse de que contara con un recordatorio fijo. Según el libro del Éxodo, el Señor instituyó la fiesta de la Pascua antes incluso del final de los acontecimientos.

«Este mes —dijo a Moisés y a Aarón— será para vosotros el comienzo de los meses; será el primero de los meses del año» (Ex 12, 2).

Moisés transmitió las detalladas instrucciones recibidas de Dios para la cena ritual que se debía celebrar anualmente en el aniversario de la liberación de Israel. El plato principal sería siempre el cordero con cuya sangre se untaron las puertas. Dios especificó la edad y las características del cordero. Prescribió cómo se debía preparar y cocinar. E indicó también con qué se debía acompañar: con panes ácimos y hierbas amargas.

Cada uno de los ingredientes de esa comida era un elemento mnemotécnico. Las hierbas servían para recordar al pueblo la amargura de una vida esclava. El pan ácimo remitía a la precipitación con que prepararon su última comida en Egipto: no dio tiempo a que la masa fermentara. ¿Y el cordero? Su muerte sustituyó a la de los primogénitos.

El mandato era claro: la fiesta debía observarse a perpetuidad. «Este día será para vosotros memorable y lo celebraréis como institución perpetua de generación en generación» (Ex 12, 14). Así debía hacerlo año tras año todo hogar israelita en recuerdo del Señor y de sus poderosas obras.

Tanto en el libro del Éxodo como en la literatura rabínica posterior se hace especial hincapié en la exactitud del ritual. De hecho, existía incluso una catequesis escrita en forma de preguntas y respuestas:

Cuando entréis en la tierra que va a daros el Señor, como os prometió, guardaréis este rito. Y cuando vuestros hijos os pregunten qué significa este rito para vosotros, responderéis: «Este es el sacrificio de la Pascua del Señor, que pasó de largo por las casas de los hijos de Israel, cuando hirió a los egipcios y preservó nuestras casas» (Ex 12, 25-27).

Las prescripciones para la fiesta no podían ser más claras. Había que instituirla a prueba de fallos. El pueblo de Israel no podría olvidar nunca los prodigios que el Señor había hecho por él durante el éxodo. ¿O sí…?

El Señor, por su parte, manifestó claramente que escuchó sus quejas y lo rescató en virtud de «su alianza» con sus antepasados, «con Abrahán, con Isaac y con Jacob» (Ex 2, 24; 6, 5). El libro del Éxodo recuerda a los lectores más de una docena de veces que «la alianza» es la razón por la que Dios actúa en favor de Israel.

«Alianza» es la traducción al español de la palabra hebrea *berit*. Los judíos de habla griega la tradujeron como *diatheké*. Para Israel ese término contenía la clave interpretativa de su historia como pueblo. Toda religión bíblica se basa en esta noción. Desde la primera generación de cristianos, la Escritura (y la historia entera) se dividió en la Antigua Alianza y la Nueva Alianza (v. Ga 4, 24; 2 Co 3, 6 y 14; Hb 8, 6-9 y 13). En Occidente la decisión de traducir el título de las dos partes de la Biblia —*diatheké*— como «testamento» y no como «alianza», nos hace perder de vista ese significado —y la unidad estructural— de la Escritura.

Cuando Dios «recuerda» su alianza, alude al acto por el cual estableció un vínculo de parentesco con su pueblo elegido. De hecho, Dios estableció ese vínculo con toda la humanidad desde la creación de Adán y Eva[2] quienes, al violar los términos de la alianza, se privaron —ellos y a todos sus descendientes— de la gloria de Dios. Y es que de todo vínculo contractual se derivan unos deberes mutuos. Quienes cumplen esos deberes disfrutan de las bendiciones de la alianza. Quienes dejan de cumplir esos deberes rompen la alianza y sufren consecuencias desastrosas. Esta afirmación clásica aparece reflejada en el capítulo 11 del Deuteronomio, cuando Dios dice:

> Mirad, pongo hoy ante vosotros bendición y maldición. La bendición, si escucháis los mandamientos del Señor, vuestro Dios, que os ordeno hoy. Y la maldición, si no escucháis los mandatos del Señor, vuestro Dios… (Dt 11, 26-28).

La consecuencia de la desobediencia de Adán fue el distanciamiento de Dios. No obstante, Dios buscó una y otra vez restaurar el vínculo con la humanidad. Estableció una alianza con la familia de Noé, y luego con la de Abrahán y su descendencia. Ahora, en el Éxodo, «recuerda» su alianza con Abrahán, refiriéndose a ella como la razón de la redención de Israel.

---

[2] Sobre la alianza con Adán, ver Gordon P. Hugenberger. *Marriage as a Covenant: Biblical Law and Ethics as Developed from Malachi.* Grand Rapids, MI: Baker Books, 1998; y Scott Hahn. *A Father Who Keeps His Promises: God's Covenant Love in Scripture.* Ann Arbor, MI: Servant, 1998, p. 37–76.

En la Biblia no existe nada más serio que una alianza, la cual se sella con un acto ritual solemne, equivalente a un juramento que invoca a Dios. Los detalles del ritual indican la gravedad del acto. La sangre es la señal de la alianza renovada en la Pascua. Cuando más tarde Moisés entregó la ley a Israel, la llamó «el libro de la alianza»; y tomó la sangre de un sacrificio y «roció con ella al pueblo, diciendo: "Esta es la sangre de la alianza que ha hecho el Señor con vosotros de acuerdo con todas estas palabras"» (Ex 24, 7-8).

Los primeros cristianos conservaron este marcado sentido de la centralidad de la alianza en la Escritura: un sentido que, desde entonces, se ha diluido y difuminado en la interpretación bíblica. Juan Calvino y otros reformadores protestantes insistieron en la dimensión legal y jurídica de los actos de Dios, generando una primavera del interés por las alianzas bíblicas: una primavera de cuyos mejores frutos disfruté mientras fui seminarista en Gordon-Conwell. El Dr. Hugenberger era joven y empezaba a despuntar como un teólogo de la alianza ampliamente reconocido; y la Universidad contaba también con el Dr. Meredith Kline, su principal mentor. El estudio de la alianza vivió esa primavera incluso entre los católicos. Y, aunque yo era un seminarista profundamente anticatólico, conocía bien la obra de Dennis McCarthy, jesuita del Pontificio Instituto Bíblico.

PASADO Y FUTURO DE LA PASCUA DEL PRESENTE

La noción de alianza era tan evidente que no podía ser ignorada mucho tiempo. Y, sin embargo, lo fue, y no solo entre los cristianos: también en el mundo antiguo. Mientras que Dios permaneció fiel, su pueblo cayó repetidamente en el pecado, atrayendo sobre él maldiciones de dimensiones catastróficas: el diluvio, la esclavitud en Egipto, cuarenta años de vida errante en el desierto, la quiebra de un reino y muchos años de exilio en Babilonia.

El libro del Éxodo era explícito: la Pascua se debía observar todos los años en señal de la renovación de la alianza. Moisés presenta el ritual como algo prescrito por Dios mismo. De hecho, en los últimos libros de las Escrituras hebreas vemos que así es como observa la Pascua Israel. Mientras Moisés siguió con vida, el pueblo celebró la fiesta en el desierto del Sinaí. Cuando Josué entró en la tierra prometida, el pueblo celebró la Pascua en Guilgal (Jos 5, 10).

Pero pasaron los siglos. En realidad, pasó buena parte de un milenio; y el pueblo se sentía seguro en la tierra que había recibido. Parece ser que, con el tiempo, olvidó su propia historia. Olvidó la alianza.

El segundo libro de las Crónicas muestra la decadencia de los últimos días del reino. En el capítulo 34 vemos cómo el sumo sacerdote Jilquías «descubre» el libro de la ley, que de alguna manera había caído en desuso. Jilquías lee el libro y, horrorizado, comprende que el pueblo ha dejado de cumplir por completo sus deberes hacia Dios; e informa al rey Josías, que se queda tan horrorizado como él y decreta una renovación religiosa que se inicia con la celebración de la Pascua (2 Cro 35, 1).

La Pascua se celebraba en Jerusalén. De hecho, era una de las tres fiestas judías de peregrinación: esas tres veces al año en que la ley obligaba a todo varón israelita a trasladarse a Jerusalén para cumplir con la práctica religiosa (v. Ex 23, 14-17).

Y de esas tres fiestas la Pascua era, con mucho, la más importante. En la visión del profeta Ezequiel aparece idealmente como un tiempo de gozo en el que el pueblo entero comía hasta la saciedad y el Príncipe corría con los gastos. Era una fiesta —comedidamente— alegre además de solemne, mientras que la fiesta de Shavuot (Pentecostés), que también se celebraba en Jerusalén, destacaba por el jolgorio. Ese ambiente no era propio de la Pascua, cuya alegría era hondamente religiosa.

Puede ser que la reforma del rey Josías restaurara la práctica religiosa en Jerusalén, pero lo hizo de un modo insuficiente y demasiado tarde; y no mucho después las tierras fueron conquistadas y el pueblo quedó exiliado. Aun así, los efectos de la reforma se prolongaron en el tiempo. Sabemos que, a su regreso del exilio, el pueblo reanudó de inmediato la celebración formal de la Pascua (Esd 6, 19-20).

La fiesta se instituyó con dos objetivos: recordar y dar gracias. También hoy los días de fiesta nacionales se siguen celebrando por ambos motivos. No obstante, cuando se analizan las fiestas de Israel, hay que hacer una puntualización importante, ya que su noción de «recuerdo» difiere radicalmente de la nuestra.

En la religión bíblica la memoria no consiste solamente en el acto psíquico de recordar un acontecimiento pasado, sino en la re-presentación de ese acontecimiento. Todavía hoy, cuando los judíos observan la Pascua, se consideran protagonistas del éxodo y dan gracias por su liberación. Cuando el hijo pregunta al padre cuál es la razón de esa celebración, este último responde con un versículo de la Torá: «Esto es

por lo que me hizo el Señor cuando salí de Egipto»
(Ex 13, 8). La liberación no era algo propio de la última generación que vivió la esclavitud de Egipto: el acontecimiento de la Pascua era algo propio de todos los judíos a título colectivo y de cada judío a título individual.

En tiempos de Jesús la Pascua debía constituir uno de los vívidos recuerdos de los judíos corrientes. Para los que habitaban en el interior comenzaba con un arduo viaje. Una vez llegados a la ciudad, la fiesta duraba ocho días completos. La «Pascua» designa propiamente al primer día, cuando se sacrificaba y se comía el cordero. Pero la celebración continuaba siete días más con la fiesta de los Ácimos. Ambas fiestas estaban estrechamente relacionadas y los judíos empleaban indistintamente los dos nombres para referirse a esta práctica tan prolongada.

La población de la ciudad aumentaba considerablemente y la gente se instalaba en incómodos espacios reducidos. Todos tenían que encontrar un lugar donde celebrar el banquete pascual, además de un grupo formado por no menos de diez personas con quienes compartir el cordero. En el siglo I el historiador Josefo menciona un año en que se sacrificaron 255.600 corderos y se contó con la asistencia de dos millones de personas. Por mucho que estuviera exagerando, e incluso si reducimos sus cálculos a la mitad, sigue siendo una muchedumbre inmensa. Todos los años, durante al menos una semana, Jerusalén se convertía en una de las ciudades más pobladas del mundo antiguo.

Los alrededores del Templo bullían en constante actividad. Era de esperar que los veinticuatro grupos de levitas (la tribu de los sacerdotes) asumieran sus funciones. Unos cantaban, otros sacrificaban los corderos y otros más recogían la sangre en vasos de oro y plata. Luego los sacerdotes vertían la sangre sobre el altar y comían en él.

Pero el sacrificio solo estaba completo después de comer el cordero. Ese era el acto que renovaba la alianza. Ese era el acto que constituía a Israel como nación. Ese era el acto por el que todos los judíos reconocían la comunión entre ellos y con Dios. Por eso las fuentes rabínicas ordenaban que la pobreza no privara de él a ningún judío. Todos debían tener la posibilidad de compartir el cordero pascual —una porción del tamaño al menos de una aceituna— y las cuatro copas de vino que jalonaban el menú de la Pascua.

Esos días debían de constituir un vívido recuerdo de la infancia de Jesús y de los primeros años de vida de los apóstoles. La excitación, una confianza exultante y el orgullo nacional se apoderaban de la ciudad en días sucesivos. No es de extrañar que durante la Pascua a veces se produjeran actos de rebelión contra las fuerzas de ocupación[3]. Las fuentes antiguas mantenían la creencia compartida por los judíos de que el ungido, el Mesías, se manifestaría durante la Pascua.

Incluso los romanos reconocían la extraordinaria importancia de la Pascua y mostraban su respeto con algunas señales: por ejemplo, la de liberar a un prisionero en honor de ese día.

---

[3] Ver Josefo. *La guerra de los judíos* 2.14.3, 6.9.3.

Durante esa primera semana de investigación, con sus noches y sus días, aprendí todo lo que pude acerca de las huellas históricas de la celebración tradicional de la Pascua. Esos rastros, a veces vagos e implícitos, eran intensamente evocadores de una historia que creía conocer bien: una historia que llegaba a su fin con las palabras de su protagonista: «Todo está consumado».

En la antigua Pascua estaba presente la sangre; estaba presente la alianza; estaba presente el cordero de Dios; estaban presentes la salvación, la redención, la liberación; estaban presentes unos prisioneros liberados. Cada uno de los detalles esclarecía algún aspecto de la pasión de Jesús.

Y, por otra parte, coincidía con lo que yo sabía desde hacía mucho tiempo sobre la alianza. Todo lo que leía me resultaba familiar y, sin embargo, lo asimilaba como si fuera totalmente nuevo.

Sí, hacía mucho que «todo» se había consumado. Pero yo presentía que tan solo estaba empezando a comprenderlo.

3. UN SACRIFICIO TÍPICO

Como he dicho antes, en Gordon-Conwell las conversaciones solían girar en torno a la interpretación de la Escritura. Algunos temas siempre eran controvertidos y entre ellos se contaban incluso ciertos principios fundamentales. Tanto los alumnos como el claustro disentían, por ejemplo, acerca de cómo leer el Antiguo Testamento. Y el asunto de la tipología era particularmente espinoso.

La tipología es el estudio de los personajes, los acontecimientos o las cosas del Antiguo Testamento como prefiguras —prototipos— que adquieren su plenitud en el Nuevo Testamento. Todos los cristianos coinciden en que Jesús aparece prefigurado en las Escrituras hebreas. Así lo manifestó Él mismo. Jesús se refirió a Jonás (Mt 12, 39), a Salomón (Mt 12, 42), al Templo (Jn 2, 19) y a la serpiente de bronce (Jn 3, 14) como «signos» que apuntaban hacia Él. También los primeros cristianos interpretaban las Escrituras de ese modo. Felipe veía a Jesús prefigurado en el Siervo Sufriente descrito por el profeta Isaías (Hch 8, 32-35). Pablo enseñaba que Adán era «figura del que ha de venir» (Rm 5, 14). Y la primera carta de Pedro presenta el diluvio de Noé como una figura del bautismo (1 P 3, 21).

Los tipos bíblicos en sí no son controvertidos. Entre mis amigos de Gordon-Conwell la controversia versaba acerca del grado de libertad con que el lector puede identificar esos tipos en el Antiguo Testamento. A algunos compañeros de clase yo los provocaba llamándolos «hiper-tipistas», porque buscaban a Jesús —y lo encontraban— en casi todos los pasajes y preceptos de la ley y la historia de Israel; mientras que otros amigos míos sostenían que *solo* hay que identificar como tipos las figuras del Antiguo Testamento que el Nuevo Testamento identifica como tales.

La Pascua se hallaba a salvo, ya que pertenecía a esta última categoría. Así lo señala toda una autoridad como san Pablo en la primera carta a los corintios. La afirmación no puede ser más clara: «Cristo, nuestra Pascua, ha sido inmolado» (1 Co 5, 7). La palabra esencial, *pascha* en griego, se ha traducido bien como «Pascua», bien como «cordero pascual». Cualquiera de las dos traducciones es válida, porque en aquella época los judíos empleaban el término *pascha* para referirse tanto a la fiesta como al sacrificio que la caracterizaba: el cordero. El tenor de la frase siguiente evidencia claramente que Pablo habla en sentido amplio de la «fiesta» celebrada tradicionalmente con «panes ácimos».

Pablo distingue entre la plenitud cristiana («*nuestra* Pascua») y su antiguo tipo judío. Sitúa los dos en un contraste explícito mediante las palabras «viejo» y «nuevo». Pero, al mismo tiempo, reconoce una continuidad entre la sombra y la realidad. Algunos términos e imágenes permanecen constantes: la Pascua, el sacrificio, los panes ácimos.

A raíz de mis estudios sobre la Pascua empecé a comprender que la tipología era mucho más operativa de lo que yo mismo había estado dispuesto a admitir. La antigua Pascua prefiguraba la salvación en Cristo no limitándose a ofrecer un nombre, sino ofreciendo el contexto más rico posible para que la entendiéramos. Comencé a comprender con cuánto cuidado Dios, en su providencia, había preparado el camino a su Hijo. Así lo dice san Pablo un poco antes en esa misma carta a los corintios: «Enseñamos la sabiduría de Dios, misteriosa, escondida, que Dios predestinó, antes de los siglos, para nuestra gloria» (1 Co 2, 7). La tipología del Antiguo Testamento, que se hace evidente en el Nuevo Testamento, muestra la unidad dinámica de los planes de Dios desde la creación hasta la redención. Lo que Dios había decretado desde el principio fue avanzando gradualmente hacia su cumplimiento. De hecho, en el Antiguo Testamento los signos estaban presentes por todas partes.

EL ECLIPSE DEL SACRIFICIO

El estudio de la Pascua me llevó a un examen más atento de los términos que siempre había dado por sentados. Cuando presenta la Pascua como una figura, Pablo se refiere principalmente al sacrificio; y yo, naturalmente, sabía que el sacrificio se hallaba en el núcleo del culto del Antiguo Testamento. Es más, sabía que el Nuevo Testamento describía el sistema sacrificial de Israel como una figura. La idea aparece de forma muy explícita en la carta a los hebreos, que considera la muerte de Cristo una ofrenda sacrificial. Como en los ritos del Antiguo Testamento, la muerte de Jesús conllevaba el derramamiento de sangre y la ofrenda de un cuerpo. Como en los ritos del Antiguo Testamento, su muerte sellaba una alianza entre el cielo y la tierra, entre Dios y su pueblo.

Y, al contrario que en los ritos del Antiguo Testamento, el sacrificio de Jesús era suficiente en sí mismo e irrepetible: «No tiene necesidad de ofrecer todos los días, como aquellos sumos sacerdotes, primero unas víctimas por sus propios pecados y luego por los del pueblo, porque esto lo hizo de una vez para siempre cuando se ofreció él mismo» (Hb 7, 27; v. también 9, 12; 9, 26; 10, 10).

Empezaba a darme cuenta de lo revolucionario que tuvo que parecerle el cristianismo al mundo antiguo. Los estudiosos suelen señalar la influencia de Jesús en la historia intelectual posterior a Él. Pero eso es algo que solo podemos ver ahora, en retrospectiva. En los siglos I y II lo más sorprendente del cristianismo fue probablemente lo poco que se parecía a una *religión*.

Todas las principales religiones del siglo I y todos los cultos populares practicaban el sacrificio cruento, la matanza ritual de animales con fines religiosos. Como los romanos. Como los griegos. Como los judíos. Y no es un fenómeno peculiar de los pueblos occidentales. En ese mismo siglo, pese a su absoluta desconexión con el mundo grecorromano, los mayas ofrecían sacrificios de animales (y humanos) en los altares de Centroamérica. Los sacrificios de esta clase estaban tan extendidos que eran aparentemente

42

algo inherente a la religión: una característica definitoria.

Los autores del Nuevo Testamento dan por supuesto que sus lectores piensan en la religión como sacrificio cruento. Pero, al mismo tiempo, presentan el cristianismo como una religión cuyo único sacrificio tuvo lugar «de una vez para siempre» y estaba completado.

Para los cristianos la muerte de Jesús puso fin a los sacrificios ofrecidos en el templo de Jerusalén. De hecho, no habían pasado cuarenta años desde la muerte de Jesús cuando el Templo fue totalmente destruido y no se volvió a edificar. Las religiones griegas y romanas, por su parte, desaparecieron. Ninguna de las religiones fundadas a partir del siglo I (el judaísmo rabínico y el Islam, por ejemplo) es sacrificial. Hoy apenas queda un lugar en el mundo donde se practique la inmolación de animales.

En mi opinión, esto supone una desventaja cuando intentamos entender el discurso de Pablo sobre el sacrificio. Hoy pensamos en el culto como un acto incruento. Cuando leemos los pasajes paulinos acerca de altares, sacerdotes y ofrendas, los traducimos inmediatamente en metáforas. No vemos los torrentes de Jerusalén correr teñidos de sangre cuando, año tras años, los sacerdotes cumplían con su cometido durante la Pascua.

Con mi nuevo estudio de la Pascua quería recuperar el sentido que le dio Pablo al comprender por primera vez que «Cristo, nuestra Pascua, ha sido inmolado». Quería saber qué significaba el sacrificio para él y para sus contemporáneos. Quería saber qué significaba el sacrificio en el contexto de la Pascua, la fiesta de la redención.

El sacrificio constituye la principal ruptura entre nosotros y nuestros lejanos antepasados de la religión bíblica. No obstante, se halla o bien en el fondo, o bien en el primer plano de casi todos los libros de nuestra Biblia. Es el acto que sella y renueva cada una de las alianzas entre Dios y su pueblo. Dios y sus mediadores pusieron un cuidado especial en especificar los pequeños detalles —el quién, qué, cuándo y dónde— de cada ofrenda.

A nosotros, sin embargo, el «porqué» nos resulta lo más desconcertante. Los antiguos daban por sentados los motivos, demasiado obvios para ser dignos de mención. Por eso muchas veces tenemos que leer entre líneas. A los hombres de hoy en día el sacrificio animal puede parecernos un ritual vacío, la satisfacción de un impulso primitivo: violento, inútil y brutal. Pero para Israel era cualquier cosa menos vacío: desbordaba significado.

El sacrificio era el principal modo de ratificar, renovar y reparar el vínculo relacional entre Dios y su pueblo. Nuestra palabra «sacrificio» procede de un compuesto latino que significa «hacer sagrado» o «singularizar». (El equivalente hebreo, *corbán*, posee las mismas connotaciones). Mediante la ofrenda de un sacrificio el hombre prestaba un juramento activo y ponía a Dios por testigo.

Pensemos en la alianza sellada entre Dios y Abrán (más adelante convertido en Abrahán). Dios ordena a Abrán reunir varios animales destinados al sacrificio: una ternera de tres años, una cabra de tres años, un carnero de tres años, una tórtola y un pichón (Gn 15, 9).

Abrán partió en dos los animales más grandes y puso cada mitad enfrente de la otra. Luego Dios envió una llama de fuego que pasó entre esas mitades y anunció los términos de la alianza, tanto las bendiciones como las maldiciones.

En su sentido más elemental, ese sacrificio devuelve a Dios lo que es suyo por derecho. Quien sacrifica reconoce que Dios es el creador y soberano del universo. Toda vida le pertenece. Por lo tanto, el sacrificio es una forma de culto, de alabanza y de acción de gracias.

Pero hay mucho más: las víctimas sacrificiales significan mucho más. En la violencia del sacrificio está cifrada una amenaza implícita. Toda alianza contenía bendiciones y amenazas: las bendiciones derivadas de su cumplimiento y las maldiciones derivadas de su incumplimiento. La sangre de los animales representaba el nuevo vínculo familiar establecido mediante la alianza. Ahora ambas partes eran «familia de sangre». Esa es la bendición, el lado positivo. Los animales sacrificados, no obstante, representaban también las consecuencias de toda infidelidad a los términos de la alianza. Violar la alianza significaba quebrantar un juramento prestado ante Dios. La infidelidad era algo parecido a la blasfemia y, por eso, merecía la muerte. Nadie que ofreciera el sacrificio podía alegar ignorancia, porque los términos de la alianza habían quedado expuestos sobre el altar.

Las alianzas con Dios no eran algo trivial, sino asuntos de vida o muerte. Siempre se sellaban con sangre, lo que implicaba un nuevo vínculo familiar. La sangre significaba también el poder de Dios, que da la vida y la muerte. Así lo anunciaban los profetas en sus oráculos: «Por la sangre de tu alianza, sacaré a los cautivos del aljibe sin agua» (Za 9, 11). La sangre de la alianza testimoniaba el poder divino para liberar a su pueblo.

La víctima constituía una advertencia, pero era también un representante. Cada vez que el pueblo de Dios violaba sus alianzas —cada vez que caía en el pecado—, ofrecía un sacrificio para reparar y restaurar su vínculo con Dios. Reconocía que sus pecados merecían la muerte y ofrecía un animal que ocupaba su lugar. Su sacrificio era la expresión viva de su arrepentimiento.

El cordero pascual era claramente un sacrificio sustitutivo. Dios había reclamado las vidas de todo varón primogénito de la tierra de Egipto. La sangre del cordero en los dinteles de las puertas era señal de que su deuda había quedado satisfecha. Pero nos podríamos preguntar: ¿por qué no quedaron eximidos los hebreos simplemente en razón de su etnia? Lo cierto es que no quedaron eximidos. Recibieron una maldición por haber violado la alianza. Sus antepasados, los hijos de Jacob, habían pecado gravemente al vender a su hermano José como esclavo. Los hebreos de las generaciones posteriores siguieron pecando, y más gravemente aún, al rendir culto a las divinidades animales de Egipto.

A los hebreos se les perdonó la muerte y se les liberó de Egipto no porque merecieran la salvación, no porque fueran inocentes, sino porque Dios es misericordioso. En la Pascua —y, más adelante, mediante el sistema sacrificial— el Señor les exigió «ejecutar» a los ídolos que habían adorado. También les exigió ser testigos de su propia ejecución poniendo por sustituto un animal. El rabino medieval Nahmánides llamaba a ese sacrificio animal una «ejecución en efigie». El erudito contemporáneo Joshua Berman explica que dicha acción es a la vez punitiva y compensatoria: «Con su presencia ante Dios en el Templo y siendo testigo de su propia ejecución en el que asume los pecados cometidos por él, lo que se espera del propietario de la ofrenda es una nueva conciencia de sus obligaciones para con Dios de modo que su infracción no se repita»[1].

Aún existe otro nivel de significado —y yo diría que superior— en el sacrificio animal. En efecto, el animal representa una advertencia. Y en efecto: el animal muere en sustitución. Pero muere también *en representación* de la persona que realiza la ofrenda. El animal representa la entrega plena de la propia vida a Dios. Cuando un padre entraba en el patio del Templo y entregaba el cordero pascual en nombre de su familia, entregaba su vida. Por eso el sacrificio pascual era tan dramático, tan solemne y tan catártico para quienes participaban en él. No se trataba solamente de que la sangre de un cuarto de millón de corderos fluyera como un torrente hasta el valle de Cedrón; no se trataba solamente de que la grasa se fuera amontonando y crepitase sobre el sólido altar del Templo. El drama residía en la ofrenda representada en toda esa vida entregada, en todos los pecados perdonados, en todo el futuro redimido.

No quiero decir con esto que todo el que entraba en el Templo albergara pensamientos piadosos. En

---

[1] Joshua Berman. *The Temple: Its Symbolism and Meaning Then and Now.* Northvale, NJ: Jason Aronson, 1995, p. 119.

la Jerusalén del siglo I —como en el Massachusetts de los años 80— muchas veces el pueblo de Dios se mostraba distraído y desganado durante el culto. Actuaba mecánicamente. Seguía una rutina. Eso es lo que suele hacer la gente.

De hecho, si se actúa así mucho tiempo, se pierde totalmente el interés por el culto. Las páginas de la Biblia están llenas de recordatorios de Dios acerca del significado del sacrificio, el fin del sacrificio y el lugar que ocupa el sacrificio en el orden de las cosas. «Porque misericordia quiero y no sacrificio, y conocimiento de Dios, más que holocaustos» (Os 6, 6). Esto no significa que Dios deseara que su pueblo dejase de ofrecer sus víctimas en el Templo. Lo que deseaba es que cada sacrificio sirviese a sus fines. Deseaba que ofreciera cada sacrificio de corazón y por él quedara transformado. El argumento divino aparece expuesto con toda claridad en uno de los salmos de David:

> No te reprendo por tus sacrificios,
> pues tus holocaustos están siempre ante Mí.
> No tomaré de tu casa ni un ternero,
> ni un cabrito de tus apriscos;
> porque mías son todas las fieras de la selva,
> y los miles de animales en mis collados;
> conozco todas las aves del cielo,
> me pertenece todo lo que se mueve por el campo.
> Si tuviese hambre, no tendría que decírtelo,
> pues mío es el orbe y cuanto lo llena.
> ¿Es que voy a comer sangre de toros
> y a beber sangre de machos cabríos?
> Ofrece a Dios un sacrificio de alabanza,
> cumple tus votos al Altísimo,

e invócame en el día de angustia:
Yo te libraré
y tú me glorificarás.
Dios dice al impío:
«¿Por qué repites mis preceptos
y tienes en tu boca mi alianza,
tú, que aborreces mi doctrina
y postergas mis mandatos?» (Sal 50, 8-17).

El Señor manifiesta claramente que ha instituido el sacrificio no en *su* propio beneficio, sino en el *nuestro*. Él no pasa hambre ni sed. De hecho, no consume las víctimas que se le entregan. Era un acto simbólico. En el siguiente salmo del canon el rey David dice que Dios «no se complace en los sacrificios» (cf. Sal 51, 18). Dios enseñó a Israel a sacrificar no para humillar a su Pueblo Elegido, sino para que aprendiera a entregar su vida, a apartarse del pecado y a vivir en alianza con Él. «El sacrificio grato a Dios es un espíritu contrito: un corazón contrito y humillado» (Sal 51, 17).

Por eso, en la primera Pascua la intención de Dios no fue solamente liberar a unos esclavos de Egipto. Quería liberar a Israel del pecado: que su pueblo fuera libre para entregar su vida en sacrificio. Un detalle que se olvidó con demasiada facilidad, tal y como demuestran los recordatorios de los salmos.

Cuando «Cristo, nuestra Pascua» fue inmolado, dijo: «Todo está consumado». Y entonces se rasgó el velo del Templo (Mt 27, 51). El Templo quedó desprovisto de su misión y los antiguos tipos alcanzaron su plenitud. Con el misterio de la nueva Pascua, el sistema sacrificial dejó de tener utilidad.

4. UN GIRO EN EL RITO

No querría dar la impresión de que en mi época de seminarista disponía de un tiempo libre ilimitado. No era así; de ahí que no pudiera dar rienda suelta a mi curiosidad. El plan de estudios de Gordon-Conwell era exigente y yo la clase de alumno que siempre lo da todo. A medida que el semestre avanzaba hacia la recta final, me sumergí en los libros de rigor y dejé a un lado mi fascinación por la pregunta que había planteado mi profesor-pastor. Devolví a la biblioteca los volúmenes sobre la Pascua con la esperanza de retomar algún día el asunto.

Pasados tres años abandoné ese espacio tan aseado y bien iluminado que ocupaba en el seminario y emprendí el ministerio presbiteriano después de ordenarme en la Iglesia presbiteriana ortodoxa y ser contratado por la Iglesia presbiteriana de Fairfax, en Virginia. Allí contaba con un púlpito y daba clase, e inicié una vida que confiaba se pareciera mucho a la del pastor Hugenberger: una vida de dimensiones pastorales y académicas. Estaba deseando continuar con mis investigaciones eruditas, pero también quería aplicarlas a la vida real en tiempo real.

Todos los pastores trasladan al púlpito sus intereses personales, y yo trasladé los míos. Mi interés por la alianza no acabó con la graduación: en todo caso, se intensificó en cuanto dispuse de la ocasión diaria de enseñar a otros y de la ocasión semanal de predicar.

Por otra parte, como pastor tenía la obligación de bautizar y presidir la «Cena del Señor». Aunque por lo general nuestra Iglesia rechazaba esa liturgia tan elaborada que observan católicos, ortodoxos y anglicanos, defendíamos la práctica del bautismo y de la Cena del Señor, los dos únicos sacramentos reconocidos por Juan Calvino.

Tal y como me habían enseñado mis profesores de Gordon-Conwell, el bautismo era el medio ordinario de ingresar en la alianza. Jesús ordenó a sus discípulos bautizar (Mt 28, 19) y los discípulos se mantuvieron fieles a ese mandato (ver Hch 2, 41; 8, 36-38; 18, 8, además de muchos otros ejemplos). El rito marcaba el inicio de una nueva vida para los creyentes, de una nueva relación con Dios. Hasta entonces el medio con que contaban los varones para entablar una alianza con Dios era la circuncisión. La Escritura llega incluso a poner a la Antigua Alianza el nombre de su rito de iniciación. El diácono Esteban se refiere al judaísmo como «la alianza de la circuncisión» (Hch 7, 8).

No obstante, en la Nueva Alianza el bautismo ocupa claramente el lugar que antes ocupaba la circuncisión. San Pablo hace explícita esa relación:

Por él fuisteis también circuncidados con una circuncisión no hecha por mano que mutila el cuerpo carnal, sino con la circuncisión de Cristo. Sepultados con él por medio del Bautismo, también fuisteis resucitados con él mediante la fe en el poder de Dios, que lo resucitó de entre los muertos (Col 2, 11-12).

El bautismo, por lo tanto, es la «circuncisión de Cristo» que ahora practican los seguidores de Cristo. Es el sello de la Nueva Alianza, igual que la circuncisión fue el sello de la Antigua. Eso era lo que yo predicaba desde el púlpito, explicando la historia bíblica hasta donde creía que los fieles eran capaces de asimilar… y yendo un poco más lejos.

Si el bautismo era el sello de la alianza, entonces ¿qué era la Cena del Señor? ¿Cómo había que entender nuestra recreación de la Última Cena de Jesús antes de su Pasión? Ahora mi interés por el tema trascendía lo académico. Lo que me movía ya no era únicamente mi curiosidad y el carné de la biblioteca, sino el cuidado de las almas de otros. Estaba guiando a mis fieles hacia una comprensión más honda de la alianza porque me parecía esencial para la experiencia y la práctica de una vida profundamente cristiana.

Mientras preparaba mi primer sermón sobre la Última Cena, me vinieron a la memoria todas las investigaciones llevadas a cabo en el seminario. Aunque algunas Iglesias protestantes ofrecían la comunión semanal, en aquella época la nuestra no lo hacía. Aun así, yo quería que los fieles supieran qué significaba ese rito bíblico en su contexto bíblico original.

Así que me puse a ordenar mis notas. Si el bautismo era el sello de la alianza, la Cena del Señor era el medio para renovar la alianza. Era el modo en que cada cristiano a título individual y todos los cristianos colectivamente reafirmábamos y reforzábamos nuestra pertenencia a la familia de Dios, a su pueblo.

La instauración de ese ritual ocupaba para mí un lugar preeminente: es la única vez en que los Evangelios recogen el empleo de la palabra «alianza» por parte de Jesús:

> Y tomando el cáliz, habiendo dado gracias, se lo dio y todos bebieron de él. Y les dijo: «Esta es mi sangre de la nueva alianza, que es derramada por muchos» (Mc 14, 23-24).

En el Nuevo Testamento el término aparece en otras ocasiones; pero en los evangelios —y de labios de Jesús—, solo en esta. Si la alianza era tan esencial en la religión bíblica como yo afirmaba, aquel era un versículo clave.

Al especificar el contenido de la copa, Jesús se hacía eco de las palabras pronunciadas por Moisés en el desierto del Sinaí mientras rociaba al pueblo con sangre: «Esta es la sangre de la alianza» (Ex 24, 8).

El evangelio de Lucas recoge algunas palabras más de la bendición de Jesús. Después de declarar que la copa de vino es «la nueva alianza en mi sangre» (Lc 22, 20), añade: «Haced esto en memoria mía» (1 Co 11, 25). Estas palabras remiten una vez más a las que contiene el Éxodo en relación con la Pascua: «Este día será para vosotros memorable»

(Ex 12, 14). Jesús está instaurando un nuevo rito conmemorativo y de renovación, y lo hace dentro del contexto del antiguo rito de Israel. El escenario es la cena pascual.

¿Qué estaba ocurriendo en ese momento? ¿Y cómo había que exponerlo en un sermón? Yo lo expuse en clave de alianza. En la primera Pascua Dios estableció un vínculo familiar a través de una alianza de sangre. El ritual y la comida simbolizaban la comunión carnal entre Dios e Israel.

En la Última Cena Jesús establecía un vínculo más sólido: un vínculo indestructible. Él es el Hijo eterno de Dios y ahora asume por nosotros el puesto de Hijo del Hombre. Al ser infinitamente superior a Moisés, su alianza pertenece a un orden totalmente nuevo y superior. Moisés propició la comunión de Israel —y la comunión con Dios— cuando el pueblo se reunía en Jerusalén para comer el cordero pascual. Ahora Jesús propiciaba la comunión en su Iglesia cuando el pueblo se reunía para comer su «carne» y beber su «sangre» en la cena proclamada por Él como su Nueva Alianza.

Entrecomillo las palabras «cuerpo» y «sangre» porque para los presbiterianos se trata de una acción puramente simbólica. La cena equivale a un signo: puede que el signo más importante de todos, pero nada más que un signo.

LAS PALABRAS RITUALES DEL *SÉDER*

Mientras preparaba el sermón me encontré de pronto reanudando la investigación que había dejado aparcada en el seminario. Retomé el estudio de la cena pascual tradicional para saber más del contexto original de la acción de Jesús.

La comida ritual de la Pascua recibe el nombre de *seder* y el texto que prescribe su desarrollo se conoce como *hagadá*. Parece ser que la estructura básica del Séder se formalizó mucho antes de la época de Jesús. De hecho, el evangelio da por sentado que los lectores están familiarizados con ella.

La mayor parte de lo que conocemos hoy en día acerca de dicha estructura procede de la Mishná, la primera compilación de las tradiciones judías recogida por los rabinos en torno al año 200 d.C. La Mishná corrobora el relato de los evangelios y completa muchos de los detalles que los evangelistas dieron por sabidos.

El Séder estaba dividido en cuatro partes o pasos.

El primer paso consistía en una bendición festiva (*kidush*) pronunciada sobre la primera copa de vino, tras la cual se servía un plato de hierbas.

El segundo paso incluía la recitación del relato de la Pascua junto con el salmo conocido como el «pequeño Hallel» (salmo 113). A continuación se bebía la segunda copa de vino.

Después venía el plato principal, consistente en cordero y pan sin levadura; y se apuraba la tercera copa de vino, conocida como el «cáliz de bendición».

La Pascua culminaba con el canto del «gran Hallel» (salmos 114-118) y bebiendo la cuarta copa de vino.

La Mishná atribuye las instrucciones del Séder nada menos que a un maestro como Gamaliel el viejo, contemporáneo de Jesús y señalado en el Nuevo Testamento como maestro de san Pablo (Hch 22, 3) y el principal de su época (Hch 5, 34). Gamaliel presta una atención especial a los signos rituales —los alimentos y las copas— e insiste en que deben ser mencionados en voz alta.

> Quien, en la noche de la Pascua, no menciona el cordero pascual, el pan sin levadura y las hierbas amargas, no ha cumplido con su deber, dice Gamaliel[1].

El Séder, por lo tanto, no se celebraba en silencio. La costumbre dictaba que quien presidía la comida —por lo general el patriarca de la familia, o bien el maestro de los discípulos— mencionara lo que había sobre la mesa. Además de alzar las copas y el pan sin levadura para hacerlos visibles, debía «nombrar» esas tres cosas. Tenía que especificar su importancia. Era necesario que los asistentes entendieran de qué manera cada una de ellas rememoraba las circunstancias de la Pascua original.

Ese pasaje tan breve y tan citado de la Mishná me brindó una nueva visión del relato de la Última Cena recogido en los evangelios. Las palabras y las acciones de Jesús son misteriosas y elípticas. Algunos detalles recordarían los de Pascuas anteriores: las copas, los salmos, las bendiciones. Otros, no obstante, debieron de resultar extraños e incluso desconcertantes:

---

[1] *Mishná Pesajim* 10.5.

como, por ejemplo, decir que el pan era su cuerpo y el vino su sangre.

Pero todo tenía su sentido. Se esperaba —se exigía— que quien presidía la comida «dijera» algo acerca de los alimentos que había sobre la mesa. Debía aclarar su importancia a la luz de la nueva Pascua.

No fui yo el primero en reparar en que los relatos de la Última Cena del evangelio parecen proporcionar una *hagadá* para la Pascua cristiana, una *hagadá* para la Nueva Alianza.

De menos a más

Puse todo mi empeño en trasladar todos esos descubrimientos a mis feligreses. Mi investigación empapó aquel sermón de la Cena del Señor y, de hecho, apareció a partir de entonces en muchos otros; lo cual venía a corroborar mi idea de la importancia de la alianza. Cuando mis feligreses empezaron a entender lo que había hecho Dios y cómo lo había hecho, quisieron saber más. Me plantearon preguntas. Sus preguntas me llevaron a investigar más. Y esa investigación se vertió en sermones posteriores.

La escasa frecuencia de la comunión en nuestra iglesia —reducida a cuatro veces al año— me parecía un triste desacierto. Si nuestro culto dominical era nuestro modo de renovar y reforzar nuestro vínculo de alianza ¿no deberíamos comulgar más a menudo? Y propuse un cambio. De hecho, propuse sustituir esas cuatro comuniones por la comunión semanal: una propuesta que intrigó a algunos, mientras que a otros les hizo sentirse *muy* incómodos.

Además comencé a añadir a nuestro servicio muchos pasajes extraídos de las Escrituras. Si el relato evangélico era una hagadá, como yo creía, debía servirnos de guía cada vez que conmemorábamos nuestra nueva Pascua. Había que contar la historia del último Séder de Jesús e imitar lo que hizo. Así fue como nuestro servicio dominical adquirió una forma nueva, una solemnidad nueva, una nueva vida.

En aquel momento no se me ocurrió pensar que me iba acercando de día en día a la práctica de la Iglesia católica. Si alguien me lo hubiera sugerido, me habría quedado horrorizado. Mi teología continuaba siendo firmemente anticatólica y mis prejuicios igual de apasionados. En cualquier caso, nunca había asistido a una misa, de modo que mis ideas no procedían de Roma: procedían de la Biblia. Si los católicos tenían razón, aquello no suponía tanto un motivo para otorgarles crédito a ellos como para vergüenza nuestra.

No obstante, algunos de mis feligreses eran excatólicos y no estaban dispuestos a tragar. Me advirtieron de mis tendencias «papistas». Lo que yo proponía —dijeron— empezaba a parecerse a lo que ellos habían descartado.

Yo me tomaba muy en serio sus reparos y los tenía muy en cuenta. Todas sus objeciones me empujaron a estudiar más. Si había empezado por las Escrituras, a partir de entonces continué con los comentarios clásicos. Pero también empecé a examinar las obras de los rabinos y las más importantes de la arqueología, y unas y otras me condujeron a una lectura exhaustiva de los antiguos autores cristianos, los llamados «Padres» de los siglos I al IV.

No encontré nada en esas fuentes que me hicieran renunciar a los cambios en nuestro culto dominical. De hecho, cuanto más estudiaba, más deseaba compartirlo con quienes Dios había encomendado a mis cuidados. Para eso había sido llamado al ministerio. Para eso había sido ordenado. Esa era mi definición de la felicidad. Los rostros de muchos de mis feligreses —y la mayoría de las conversaciones sostenidas en la escalinata de la Iglesia— me hicieron comprender que no era yo el único beneficiado.

La gente estaba hallando un nuevo significado y una nueva vida en la alianza y en nuestro culto cada vez más aliancista.

¿Verdadero o falso?

No puedo sino sacar a colación la objeción más seria a la que me enfrenté, ya que tiene que ver con la premisa básica de mis investigaciones.

A lo largo del siglo XX la tendencia entre los críticos ha sido insistir en que la Última Cena *no* fue una cena pascual. Según su teoría, fue un banquete solemne celebrado en fechas cercanas a esa fiesta, pero *no* una cena pascual.

Si esos críticos estaban en lo cierto, mi idea del contexto, del contenido aliancista y del significado más hondo de la Pascua era sin lugar a dudas errónea. Si ellos estaban en lo cierto, yo no era quién para insistir en el carácter pascual de nuestro servicio dominical presbiteriano.

Sabía que el trabajo de los estudiosos distaba mucho de ser infalible. Sabía también que las corrientes académicas no garantizan la veracidad y ni siquiera el consenso. Aun así, me tomé la cuestión muy en serio. Si ellos tenían razón y yo no, quería saberlo. No tenía intención de descarriar a mi rebaño. Y sí todos los motivos para no extraviar yo mismo el camino.

5. LA FORMA PASCUAL
DE LOS EVANGELIOS

En el siglo XXI tendemos a considerarnos muy avispados cuando se trata de asimilar tanto las noticias como el pasado histórico. Vemos con escepticismo las tradiciones. Tendemos a pensar que le ponemos un listón muy alto a la veracidad de la evidencia. Aun así, contamos con nuestras propias tradiciones: entre otras, la proliferación anual de artículos y de especiales de televisión que aseguran desmentir las afirmaciones acerca de Jesús contenidas en el Nuevo Testamento. Suelen aparecer mediada la Cuaresma y crecen en número durante la Semana Santa. Se trata de una especie de liturgia secular dotada de sus propias proclamas, sus propias apelaciones a la autoridad y su propio propósito formativo. Entre sus temas habituales se cuenta el carácter pascual de la Última Cena.

En este sentido, hace unos pocos años un titular planteaba la siguiente pregunta: «La Última Cena: ¿un Séder pascual?»[1]. Y, antes de que el autor llegara

---

[1] Raymond Apple. «The Last Supper - A Passover Seder» en *Jerusalem Post*, 13 de abril de 2014, recogido el 27 de mayo de 2017 en JPost.com.

a una predecible conclusión en contra, se emplazaba a una retahíla de estudiosos escépticos a presentar sus alegaciones.

Esto ni es noticia ni es ninguna novedad: en mi lejana época de pastor era ya un patrón establecido tanto en el mundo académico como en los medios de comunicación. En 1984 un estudioso judío, Baruch Bokser, resumía las investigaciones más recientes y extraía esta conclusión: «Los estudios actuales tienden a negar la identificación de la Última Cena con el Séder»[2].

No obstante, los autores del Antiguo Testamento no parecen albergar ninguna duda. El testimonio del evangelio de Mateo —que los escépticos suelen calificar como el más antiguo y fiable— no deja espacio alguno a la ambigüedad. El evangelista afirma claramente que la Última Cena tiene lugar «el primer día de los Ácimos, cuando sacrificaban el cordero pascual» (Mc 14, 12). Los discípulos hablan de «preparar la cena de Pascua» (ibid.). El propio Jesús describe lo que va a hacer en los mismos términos: «Comer la Pascua con mis discípulos» (Mc 14, 14). Y, por si la cosa no quedara lo bastante clara, el evangelista continúa así su relato: «Y marcharon los discípulos, llegaron a la ciudad… y prepararon la Pascua» (Mc 14, 16). En tan solo cinco versículos Marcos pone fecha al acontecimiento en cuatro ocasiones.

De hecho, los tres primeros evangelios presentan la Última Cena de un modo llamativamente semejan-

---

[2] Baruch Bokser. *The Origins of the Seder: The Passover Rite and Early Rabbinic Judaism.* Berkeley: Universidad de California, 1984, p. 25-26.

te. Su exposición de todos los acontecimientos del ministerio de Jesús suele seguir un recorrido parejo. De ahí que los eruditos llamen «sinópticos» (un término griego que significa «ver de forma conjunta») a los evangelios de Mateo, Marcos y Lucas. Cuando difieren, suele ser porque uno de los evangelistas incluye detalles que omiten los otros: solo Lucas, por ejemplo, menciona que Jesús dijo a sus discípulos: «Ardientemente he deseado comer esta Pascua con vosotros, antes de padecer» (Lc 22, 15). Mateo es el único que cuenta una predicción muy concreta de Jesús en los días previos a la Última Cena: «Dentro de dos días será la Pascua, y el Hijo del Hombre será entregado para que lo crucifiquen» (Mt 26, 2).

Aunque difieren en los detalles que eligen para situar en primer plano, los tres sinópticos coinciden en que la Última Cena fue una comida pascual.

Entonces ¿dónde está el problema?

Los críticos hacen hincapié en más de uno.

El primero es que los relatos no mencionan algunos de los componentes del menú necesarios para el Séder. La búsqueda de una sola palabra acerca de las hierbas amargas o el cordero sacrificial no obtiene ningún resultado. Si esos elementos no estuvieron presentes —y si Jesús no los mencionó—, la Última Cena incumplió dos de los tres requisitos recogidos por Gamaliel para la validez de la Pascua.

Los críticos señalan además que los discípulos no plantean a su Maestro las preguntas prescritas y que su Maestro no narra la historia del Éxodo. Es cierto que esos detalles no aparecen en los relatos, pero eso no quiere decir que faltaran en aquella ocasión. De hecho, los evangelios *nunca* ofrecen una información exhaustiva. Lucas, por ejemplo, recoge muy pocos detalles en el relato de la purificación de María y de la presentación de Jesús (v. Lc 2, 22f); como no los recoge tampoco respecto al contexto litúrgico de la predicación de Jesús en la sinagoga (Lc 4, 16).

Los relatos evangélicos, sobre todo los de los sinópticos, son escuetos y parcos en detalles. Los evangelistas dan por supuesto que sus lectores están cuando menos ligeramente familiarizados con las costumbres judías. Por eso consideran que la Pascua y el Séder —igual que la liturgia de la sinagoga y el ritual de la purificación— no necesitan explicación.

Aun así, dichas omisiones —que son un argumento poco sólido para negar que los evangelios sinópticos sitúan la Última Cena en la noche de la Pascua— no constituyen a juicio de los críticos la cuestión más controvertida.

Es obvio que los evangelios son más de tres: existe un cuarto evangelio, y no suele ser «sinóptico» con los otros. El evangelio de san Juan relata varios episodios que no aparecen en ninguno de los sinópticos. Incluso cuando Juan pisa el mismo terreno, a veces adopta un enfoque distinto. Proporciona detalles de los que los otros carecen.

Por lo que se refiere a la cronología de la Pasión de Jesús, Juan plantea un problema clave: aparentemente, contradice el desarrollo de los acontecimientos que los demás evangelistas dan por cierto. Mateo, Marcos y Lucas sitúan claramente la Última Cena en la primera noche de la fiesta de los Ácimos. Juan, por su parte, afirma nítidamente que la condena de Jesús se dictó en «la Parasceve de la Pascua» (Jn 19, 14 y 31). Si Jesús murió el Día de la Preparación, los romanos ejecutaron su sentencia a mediodía, «la hora sexta» (Jn 19, 14), la misma en la que se sacrificaban los corderos pascuales en el Templo. Si Juan está en lo cierto, parece ser que Jesús murió varias horas antes del inicio de las cenas pascuales celebradas en Jerusalén. Si Juan está en lo cierto, parece ser que Jesús no pudo estar en el cenáculo para celebrar el Séder.

Parece ser. Las cosas, sin embargo, no siempre son lo que parecen.

Sabemos que los primeros cristianos eran conscientes de la aparente discrepancia entre los dos relatos y que los conservaron tal y como se los encontraron. A. Jaubert, una estudiosa francesa de mediados del siglo pasado, cree que existen razones convincentes para aceptar *ambas* cronologías, es decir, las fechas que ofrecen *tanto* los sinópticos *como* Juan. Sus conclusiones han sido corroboradas por el exégeta alemán Eugen Ruckstuhl y, más recientemente, por James VanderKam, de la Universidad de Notre Dame[3].

Jaubert utilizó los Manuscritos del Mar Muerto para demostrar que en el siglo I la práctica religiosa del judaísmo no era monolítica. Existían sectas y facciones distintas —fariseos, saduceos, esenios y zelotes— y entre las cosas que los diferenciaban se

---

[3] Ver Eugen Ruckstuhl. *Chronology of the Last Days of Jesus: A Critical Study* (Paris: Desclee, 1965); y James C. VanderKam. *From Revelation to Canon* (Boston: Brill, 2000), 81–127.

hallaban las fechas de las fiestas. El grupo de judíos autor de los Manuscritos del Mar Muerto seguía el calendario solar en lugar del calendario lunar al que se atenían los sacerdotes de Jerusalén. Para los seguidores judíos del calendario solar el año de la muerte de Jesús la Pascua cayó en martes, mientras que para los sacerdotes del Templo cayó en el viernes siguiente.

Además, Jaubert señala que la Iglesia primitiva no celebraba la Última Cena la víspera del Viernes Santo, sino el martes anterior. Esta tradición aparece conservada en las fuentes siríacas, incluida la *Didascalia Apostolorum* («enseñanza de los apóstoles») del siglo III. Quizá por eso los primeros cristianos cuya lengua y cultura eran más próximas a las de Jesús —los que hablaban y escribían en arameo— conservaron el recuerdo de una Pascua celebrada en martes.

La tesis de Jaubert no solo resuelve la aparente discrepancia en cuanto a la fecha de la Última Cena, sino otro problema adicional a la hora de armonizar los cuatro evangelios: ¿cómo pudieron producirse tantos acontecimientos entre la cena del jueves y la ejecución del viernes al mediodía? Esta es una cuestión con la que los cristianos han lidiado desde los primeros tiempos. Los evangelios recogen que Jesús se sometió a *cinco* juicios ante *cinco* jueces diferentes (Anás, Caifás, Herodes, Pilatos y la asamblea del Sanedrín) en *cinco* lugares distintos: y todo aquello ocurrió en el tiempo transcurrido desde su arresto hasta la ejecución de la sentencia. Cuesta entender cómo pudieron ocurrir tantas cosas en tan pocas horas a partir de la medianoche. Tal y como se presentan, los acontecimientos encajan mucho mejor en el marco temporal comprendido entre el martes y el viernes: el martes la

Última Cena, el miércoles los juicios de los judíos, el jueves los juicios de los romanos y el viernes la condena a muerte y la crucifixión[4]. De hecho, esa es la secuencia que aparece en la *Didascalia Apostolorum* (y esa es la cronología que sugirió el papa Benedicto XVI de un modo convincente en su homilía de la misa de la Cena del Señor el 5 de abril de 2007).

LA APUESTA PASCUAL

Las investigaciones en torno a temas como este no nos llevan sino a la certeza de nuestra incertidumbre. Nos invitan a ser —cuando menos— modestos a la hora de extraer conclusiones. A mi juicio, afirmar con total seguridad que el testimonio de los tres evangelios está equivocado no encuentra justificación. Mateo, Marcos y Lucas dicen inequívocamente que la Última Cena fue una comida pascual. Durante mis años juveniles de pastor y académico no encontré razones sólidas para rebatir su afirmación. Y, después de treinta y cinco años de investigación, no ha aparecido nada que me haga cambiar de opinión.

Mientras preparaba aquellos sermones en Fairfax (Virginia), exploré a fondo la obra de Joachim Jeremias, un importante exégeta protestante de mediados

----

[4] La gente suele preguntar por qué la Iglesia celebra el *jueves* santo en lugar del martes. La respuesta más breve es que esos días de fiesta no son estrictamente los aniversarios de los acontecimientos que celebran. Una respuesta más exhaustiva indica que a lo largo de la historia de la Iglesia los acontecimientos de la Última Cena se han celebrado el martes en distintos lugares y épocas.

de siglo, autor de un colosal estudio sobre la Última Cena en el que defiende su estrecha semejanza con una cena pascual y ofrece un útil resumen de sus descubrimientos en una lista de las catorce características de la comida de Jesús y sus discípulos que coinciden con un típico Séder antiguo[5].

1. Se celebró en Jerusalén, adonde habían acudido en peregrinación Jesús y los discípulos.

2. Tuvo lugar en una habitación prestada o alquilada, el alojamiento habitual de los peregrinos durante la Pascua.

3. Se celebró al caer la tarde.

4. Jesús comió, como solían hacer los rabís, en compañía de sus discípulos, cuyo número superaba los diez que exigía la costumbre.

5. Los asistentes a la cena comieron recostados a la mesa. (En días no festivos se solía comer sentado).

6. Siguieron el ritual de purificación (lavándose los pies).

7. No partieron el pan antes de comer, sino durante la comida (una costumbre que se reservaba para la Pascua).

8. Bebieron vino.

9. Era vino tinto.

10. La comida se preparó apresuradamente.

11. Dieron limosna.

12. Cantaron un himno.

13. Después se quedaron en Jerusalén.

---

[5] Joachim Jeremias. *La Última Cena. Palabras de Jesús.* Madrid, Ediciones Cristiandad, 1980.

14. Jesús explicó el simbolismo de los componentes del menú.

La lista es larga y Jeremias defiende cada uno de sus ítems con rigor académico y fuentes abundantes: de hecho, en la edición en español la defensa ocupa más de veinte páginas. Aunque no prueba que la Última Cena fuese un Séder —al menos no como les gustaría a algunos críticos—, sí demuestra que la afirmación coincidente de los tres evangelios sinópticos admite defensa y credibilidad. Lo mismo afirma la Iglesia católica. El Catecismo recoge sin ambigüedad el consenso de la antigua tradición exegética: «Al celebrar la Última Cena con sus apóstoles en el transcurso del banquete pascual, Jesús dio su sentido definitivo a la pascua judía» (CCE, 1340). Y en la exhortación apostólica de 2007 *Sacramentum Caritatis* el papa Benedicto XVI se refiere a Jesús como «verdadero cordero inmolado» cuya «nueva y eterna alianza [es] estipulada en la sangre derramada»[6]. A continuación explica que la institución de la Eucaristía «sucedió en el contexto de una cena ritual en la que se conmemoraba el acontecimiento fundamental del pueblo de Israel»: la Pascua. Era una «conmemoración del pasado, pero, al mismo tiempo, también memoria profética, es decir, anuncio de una liberación futura»[7].

---

[6] Benedicto XVI. *Sacramentum Caritatis* 9

[7] Ibid., 10.

En mi opinión, convenía que el momento culminante de la redención —el establecimiento de la Nueva Alianza por parte de Dios— se iniciara con la Pascua. Para los propios evangelios el escenario de esa fiesta es el adecuado (cuando no inevitable). La Pascua no es un detalle casual empleado para fechar un solo acontecimiento, sino que constituye un motivo recurrente en los relatos de todos los evangelios.

Se trata del escenario de muchos momentos decisivos de la vida de Jesús. Fue durante la Pascua cuando a los doce años Jesús se separó de sus padres, quienes lo encontraron después de tres días de búsqueda (Lc 2, 41-46): un presagio evidente de los tres días en el sepulcro. Fue durante la Pascua cuando Jesús despejó el Templo (Jn 2, 13-17), y durante otra Pascua cuando multiplicó los panes y los peces y prometió el Pan de Vida (Jn 6, 4 y ss). La estructura del evangelio de san Juan se apoya sobre tres pilares: las tres Pascuas de los años del ministerio de Jesús (v. Jn 2, 13; 6, 4; 13, 1).

El tema de la Pascua se hace presente también por otros medios. Todos los evangelios describen nítidamente a Jesús como el nuevo Moisés y su redención como un nuevo Éxodo. Los evangelistas hacen recaer la atención sobre el parecido de la vida de Jesús con la de Moisés. Ambos nacieron en circunstancias excepcionales, amenazados por un déspota asesino que ordenó una masacre infantil. Cuando la familia de Jesús huyó, se refugió en Egipto; un hecho cuyo fin providente era que Jesús volviera a trazar el camino del Éxodo: «Para que se cumpliera lo que dijo el

Señor por medio del Profeta: *De Egipto llamé a mi hijo*» (Mt 2, 15). Tanto Moisés como Jesús ayunaron durante cuarenta días (v. Ex 34, 28 y Mt 4, 2) y los dos enunciaron su propia «ley» desde un monte: en el caso de Moisés, los Diez Mandamientos del monte Sinaí; en el de Jesús, el sermón de la montaña. Jesús compara los panes multiplicados con el maná recibido en el desierto (Jn 6, 49). Otro vestigio del Éxodo es la alusión de Jesús a la serpiente de bronce levantada por Moisés, aplicándola a su propia muerte redentora (Jn 3, 14).

Jesús se compara de forma implícita con el Moisés legislador (Mc 10, 1-9) y mediador. Si Moisés es el mediador de la Antigua Alianza que bendice al pueblo con la sangre del sacrificio, Jesús es el mediador de la Nueva Alianza que bendice con su propia sangre (Ex 24, 8; Mt 26, 8).

San Lucas establece de un modo sutil pero significativo la conexión entre Jesús y Moisés cuando describe la transfiguración. De hecho, es el único pasaje de los evangelios que recoge la palabra griega *exodos* (éxodo). Lucas dice que Jesús apareció «en forma gloriosa» hablando con Moisés y con Elías «de la salida de Jesús que iba a cumplirse en Jerusalén» (Lc 9, 31). La palabra *exodos* se ha traducido de forma tan variada como «salida» o «muerte»; pero el término original griego es poco habitual y seguramente la intención del evangelista al incluirla fuera evocar un acontecimiento tan decisivo en la historia de Israel. Al referirse al «éxodo» que Jesús iba a cumplir en Jerusalén, creo que Lucas está fijando el escenario de la última Pascua de Jesús: el Séder que compartió con sus discípulos, tal y como recogen los evangelios.

6. ESTE ES EL CORDERO

Llama la atención el hecho de que, en sus estudios sobre la Última Cena, los comentaristas no cristianos pongan con frecuencia de relieve una «omisión» que pasa desapercibida a muchos cristianos. Si se trata de una Pascua, se preguntan, ¿dónde está el cordero? Al fin y al cabo, ese era el objeto más estrechamente identificado con la Pascua. En los libros del Nuevo Testamento y en los textos rabínicos del Talmud posteriores el término griego *Pascha* y el hebreo *Pésaj* pueden referirse bien al día festivo, bien a la víctima del sacrificio, bien a ambos.

Evidentemente, para los cristianos Jesús es el Cordero definitivo, el cumplimiento tipológico de los corderos pascuales originales y de todos los corderos sacrificados desde entonces. Por eso su presencia satisface la necesidad de que haya sobre la mesa un cordero lechal.

Pero ¿cómo lo sabemos nosotros? ¿Cuándo —y por qué— comenzaron los cristianos a llamar a Jesús el Cordero?

Una vez más, la búsqueda de una respuesta nos lleva a constatar la extraordinaria complementariedad de los sinópticos por una parte y de Juan por la otra. Lo que en unos está implícito aparece explícito en el otro. En Mateo, Marcos y Lucas no hay mención de un cordero; mientras que Juan, que no menciona el Séder pascual, identifica repetidamente a Jesús como «el Cordero». Esa identificación está presente también en otros libros del Nuevo Testamento que se atribuyen a Pedro y Pablo, y (nuevamente) a Juan. Pero el ejemplo más conocido lo encontramos al principio del evangelio de Juan. De hecho, el evangelista presenta al lector a Jesús con ese nombre.

El cuarto evangelio comienza con una afirmación teológica acerca del Verbo eterno, el Hijo divino coeterno al Padre: «En el principio existía el Verbo, y el Verbo estaba junto a Dios, y el Verbo era Dios» (Jn 1, 1). El Verbo se hace carne y entra en la historia como hombre; y solo Juan el Bautista, el profeta que grita en el desierto de Judea, lo reconoce como tal. A Jesús lo vemos por primera vez dirigiéndose hacia ese Juan, que dice: «Este es el Cordero de Dios que quita el pecado del mundo» (Jn 1, 29). Al día siguiente Juan vuelve a ver a Jesús y a decir: «Este es el Cordero de Dios» (Jn 1, 36).

Por lo tanto, la primera vez que se identificó a Jesús se le consideró el Cordero de Dios. Jesús es el Cordero. Después de repetirse durante milenios —en la Escritura, en el culto y en el arte—, la expresión nos parece normal. Pero a oídos de quienes escuchaban a Juan tuvo que sonar extraño. Es más: tuvo que sonar extraño a todas las generaciones transcurridas antes de que el cristianismo se impusiera en el mundo.

Seguramente los oyentes judíos de Juan debieron de relacionarlo con el sacrificio. Estaban acostumbrados a la idea de un cordero-víctima que quita los pecados del mundo. Pero ¿qué quería decir Juan al atribuir ese nombre a un hombre adulto, y no a un animal joven?

¿ASADA O A LA PARRILLA?

Un profeta es alguien que habla en nombre de Dios. En el Antiguo Testamento los profetas identificaban los signos de los tiempos y proclamaban el juicio de Dios sobre los acontecimientos y sobre el pueblo. Sus oráculos otorgaban un significado autorizado a una actualidad frecuentemente confusa. A veces predecían también el futuro, pronosticando las consecuencias de determinados pecados u obras virtuosas.

La tradición cristiana incluye a Juan el Bautista dentro de esta categoría. Se trata de una figura de transición: el último profeta de la Antigua Alianza que muestra el camino hacia la Nueva. Cuando anuncia a Jesús como el «Cordero de Dios», el significado es oscuro, pero contiene dimensiones predictivas y descriptivas que solo se esclarecen una vez narrada la historia completa. Y ese significado aparece perfectamente claro a la luz de la última Pascua de Jesús.

Los evangelios nos dicen que Juan atraía a grandes muchedumbres de oyentes, entre los que se incluían sacerdotes y levitas curiosos (Jn 1, 19), así como fariseos (Jn 1, 24). ¿Qué creéis que pensarían cuando Juan señaló a un hombre y lo llamó Cordero de Dios?

Tampoco esta vez podrían por menos que establecer una asociación con la Pascua. Un cordero que quita los pecados es una víctima inmolada y el cordero se identificaba sobre todo con el sacrificio pascual. Por eso pensarían en los corderos pascuales, lo cual sin duda pondría en marcha su imaginación. Algo especialmente cierto en el caso de los sacerdotes y levitas que durante la Pascua asistían al sacrificio anual de un cuarto de millón de corderos. La frase de Juan —«Este es el Cordero»– evocaría en ellos a cada víctima ofrecida en sacrificio.

La literatura rabínica más antigua quizá pueda ayudarnos a entender lo que veían todos los años durante la Pascua y qué imaginaron cuando Juan lanzó ese grito.

La ley prescribía asar el cordero pascual, y no cocerlo o guisarlo. Algunos intérpretes posteriores añadieron que el cordero no debía asarse sobre espetones de metal. ¿Por qué? Porque entonces la carne quedaría *asada a la parrilla* por el contacto con el metal y no *asada al fuego*. Una razón semejante llevaba a los intérpretes a prescribir que los espetones estuvieran hechos de madera de granado, una madera muy seca que impedía que de forma inadvertida la carne del cordero quedara *asada o cocida al vapor*[1].

---

[1] *Mishná Pesajim* 7.1-2.

San Justino Mártir, un autor del siglo II nacido en Palestina, describía la preparación del sacrificio que los samaritanos seguían ofreciendo en el monte Gerizim y decía que al animal quedaba sujeto por un espetón construido con dos maderas: una a lo largo del espinazo del cordero y la otra cruzando el lomo en horizontal.

Pues, en efecto, el cordero se asa colocándolo en una forma semejante a la figura de la cruz: una punta del asador lo atraviesa recto desde los pies a la cabeza; y otra por las espaldas, y a ella se sujetaban las patas del cordero[2].

Esa era la imagen con la que estaban familiarizados los sacerdotes y levitas —y, de hecho, cualquier creyente judío— que se contaban entre la muchedumbre reunida para escuchar a Juan. Aunque en el momento en que Juan lo llamó así ellos no eran capaces de conocer el futuro, la interpretación a posteriori de Justino es nítida: «Aquel cordero que se les mandaba asar totalmente era símbolo de la pasión de la cruz que Cristo debía padecer»[3]. Más que un símbolo, más que una sombra, era una vívida imagen del futuro sacrificio.

El análisis más exhaustivo del cordero cruciforme se publicó en 1996 en *The Jewish Quarterly Review*. El autor, Joseph Tabory, de la Universidad israelí Bar-

---

[2] Justino Mártir. *Diálogo con Trifón* 40.
[3] *Ibid.*

Ilán, es un reputado estudioso del Talmud y un rabino ortodoxo; y en su estudio lleva a cabo un examen detallado de la literatura más relevante. Tabory señala que las prácticas judías tradicionales sirven para explicar hasta los detalles más pequeños de la iconografía cristiana de la crucifixión. Yo añadiría que nos ayudan también a «entender» —salvando la distancia en el tiempo— qué se imaginaron los oyentes de Juan.

El profesor Tabory apela a la autoridad del rabí Akiva, que vivió en Palestina entre los siglos I y II. Akiva señalaba que las entrañas del animal se extraían antes del sacrificio y se colocaban alrededor de la cabeza del cordero en forma de casco. Al parecer esta costumbre está tomada del Éxodo, que prescribe que el cordero sea «asado al fuego con su cabeza, patas y vísceras» (Ex 12, 9). El profesor Tabory concluye así:

> Puede que exista cierta semejanza entre la cabeza del cordero rodeada de sus entrañas y la corona de espinas de Jesús (Mt 27, 29; Mc 15, 17; Jn 19, 2)… La similitud entre el cordero con su casco de entrañas y Jesús coronado puede tomarse como una evidencia adicional de la conexión entre ambos[4].

Nadie que escuchara a Juan Bautista podía predecir el cumplimiento definitivo de su tipología.

---

[4] Joseph Tabory. «The Crucifixion of the Paschal Lamb» en *The Jewish Quarterly Review*, enero-abril de 1996, p. 406.

Pero algunos, empezando por el evangelista, vivieron lo suficiente para ver cómo se cumplía. Y lo recordaron.

La Pascua en pasado

Durante los años en que ejercí como joven pastor en Virginia no eran tantos mis conocimientos. El estudio de Joseph Tabory no apareció hasta una década después. Pero sí había empezado a leer más a fondo a los primeros Padres y me llamó la atención el testimonio de Justino Mártir: era compatible con el testimonio de la Biblia e incluso le daba continuidad.

El cuarto evangelio llama a Jesús el «Cordero de Dios que quita el pecado del mundo». La primera carta de san Pedro lo corrobora cuando dice que hemos sido «rescatados… con la sangre preciosa de Cristo, como cordero sin defecto ni mancha» (1P 1, 18-19) —lo que nos remite una vez más a las prescripciones pascuales del libro del Éxodo—. Y, pese a que yo no era ningún «hiper-tipista», no podía sino imitar el claro precedente que contiene el Nuevo Testamento e interpretar el oráculo de Isaías como una predicción sobre Jesús: «Como cordero llevado al matadero y, como oveja muda ante sus esquiladores, no abrió la boca» (Is 53, 7; Hch 8, 32 y ss.). Y, además, está el libro del Apocalipsis, donde el Hijo divino recibe el nombre de «el Cordero» en veintiocho ocasiones.

El Nuevo Testamento atestigua sobradamente que Jesús es el Cordero de la Nueva Alianza. La presencia de un joven cordero sin defecto durante la Última Cena es, en cierto sentido, irrelevante. Ahí estaba el Cordero de Dios, por lo que la obligación pascual quedaba cumplida del modo más perfecto y apropiado. En ello coinciden los primeros comentaristas cristianos, sea cual sea su enfoque de las diferencias entre los sinópticos y Juan. A ellos no les preocupaba en absoluto la ausencia de un animal en el relato porque entendían que el Señor estaba allí, como entendían que dijo: «Este es mi cuerpo».

La justa razón de Justino

Así fue como me enfrenté por primera vez a los Padres de la Iglesia: como exégetas (intérpretes de la Biblia). Naturalmente, conocía sus nombres porque a veces aparecían citados en los manuales del seminario. Pero, antes de emprender mi aventura de investigación, nunca me había molestado en dedicar tiempo a explorar el contexto de esas citas.

Entonces descubrí que los Padres interpretaban las Escrituras de un modo juicioso y concienzudo. No eran nada fantasiosos, como a veces me habían hecho creer. Les preocupaba mucho la exactitud histórica. De hecho, buena parte de la información histórica de que disponemos sobre la época del Nuevo Testamento la recabaron ellos. Los testigos como Justino Mártir no me alejaban del texto bíblico, sino que me sumergían aún más en él.

Descubrí que había otros que trataron en el siglo II las mismas cuestiones que a mí me fascinaban en el siglo XX. Ireneo de Lyon volvía una y otra vez sobre el tema de las alianzas de Dios y mostraba un interés parecido por la Pascua. Y también él gozaba, como Justino Mártir, de los privilegios a los que ningún exégeta ni teólogo moderno se acercaban ni por asomo. Ireneo se formó con Policarpo, discípulo de Juan Evangelista. Y Justino creció en Palestina en la misma época en que parte de su entorno conservaba una memoria viva del Templo.

Era sorprendente. Entonces descubrí a otro contemporáneo suyo, Melitón de Sardes, un obispo que murió a edad avanzada en el año 180 d.C. Su ciudad, hoy conocida como Sart, en Turquía, había sido evangelizada ya en tiempos de los apóstoles, y en el libro del Apocalipsis se interpela directamente a los cristianos que vivían en ella (v. 3, 1-4). Quizá Melitón fuese un judío convertido al cristianismo. Conocía en profundidad el Antiguo Testamento y peregrinó al menos una vez a Tierra Santa. Aunque fue una figura venerada por la Iglesia del siglo II, solo ha sobrevivido una de sus obras, cuyo título me llamó mucho la atención: *Peri Pascha*, «Sobre la Pascua» en griego.

Aparentemente *Peri Pascha* es un extenso sermón pascual que puede que se predicara una de las noches de vigilia observadas por la Iglesia primitiva. La exposición que hace Melitón del Éxodo es rica, poética e imaginativa, pero nunca se aparta de los hechos. Y en ella se pregunta si los primogénitos de Israel no fueron salvados muchos años antes a cuenta de la sangre de Jesús.

Dime, ángel, lo que te ha intimidado: ¿la muerte de la oveja, o la figura del Señor? ... Es claro que estás intimidado por haber visto el misterio del Señor realizado en la oveja, la vida del Señor en la inmolación del cordero, la prefiguración del Señor en la muerte de la oveja[5].

Melitón sabía lo que decía. Así que muchos Padres poseían la misma percepción que yo buscaba... Incluso coincidían conmigo en algunos detalles concretos. Al celebrar la Cena del Señor renovaban su alianza. La llamaban memorial (*anamnesis*) y acción de gracias (*eucharistia*), incluyéndola así en la misma categoría que el Séder pascual. Es más: la celebraban con frecuencia, semanalmente e incluso a diario, y también en épocas de peligro o de persecución. Encontré pruebas de la comunión frecuente hasta en autores anteriores a Justino: como Ignacio de Antioquía, un obispo que escribió en el 107 d.C.

Testigos tan antiguos como estos me proporcionaban cierta garantía. Aun así, sus testimonios planteaban también un problema inquietante. ¿Por qué, por ejemplo, esos hombres tan empapados del Nuevo Testamento insistían en hablar de la Cena del Señor como de un sacrificio? De hecho, los testigos más antiguos llamaban consistentemente «el sacrificio» a su culto. La expresión me hacía sentir incómodo. El Nuevo Testamento enseña repetidamente que la muerte de Jesús en la cruz es el sacrificio definitivo: «de una vez para siempre». No obstante, los Padres daban a entender que cada una de las Cenas del Señor era sacrificial.

---

[5] Melitón de Sardes. "Homilía sobre la Pascua" en José Antonio Loarte. *El tesoro de los Padres.* Madrid, Rialp, 1998, p. 72.

Aquello me recordaba las advertencias recibidas por algunos de mis feligreses excatólicos en el sentido de que la Iglesia católica creía que en cada misa se sacrificaba una y otra vez a Jesús. *Esa* idea contradecía las Escrituras y era un error que yo deseaba evitar a toda costa. Y fue ese deseo lo que me empujó a estudiar más detenidamente el cordero pascual tanto en el Antiguo como en el Nuevo Testamento.

7. EL CORDERO DESDE EL PRINCIPIO

Como ya he dicho antes, los evangelios no son los únicos libros que se refieren a Jesús como el Cordero. El Apocalipsis saca más jugo que ningún otro libro a ese simbolismo en docenas de ocasiones. Cristo aparece por primera vez en clave nítidamente pascual como «un Cordero erguido, como sacrificado» (Ap 5, 6). Todas las cortes celestiales adoran de inmediato al Cordero como Dios. Los ángeles y los santos aclaman con gran voz: «Digno es el Cordero inmolado de recibir el poder, la riqueza, la sabiduría, la fuerza, el honor, la gloria y la alabanza» (Ap 5, 12). El Cordero abre los sellos de los libros hasta entonces inaccesibles. Los pueblos de la tierra «han lavado sus túnicas y las han blanqueado con la sangre del Cordero» (Ap 7, 14). Y, más adelante, el vidente vuelve a evocar la Pascua y el Éxodo cuando dice que quienes han vencido en la tierra lo han hecho «por la sangre del Cordero» (Ap 12, 11).

Viene a continuación un pasaje enigmático que se refiere al registro celestial de quienes se han salvado: su nombre «está escrito, desde el origen del mundo, en el libro de la vida del Cordero inmolado» (Ap 13, 8). Así es como aparece este versículo en la Biblia del Rey Jacobo, la preferida de mi pastor y mentor.

Yo me preguntaba qué podía significar aquello, así que consulté los comentarios. Estos señalaban que a los traductores más modernos el versículo les resultaba ininteligible, por lo que optaron por «corregir» el original. Tanto la Versión Estándar Revisada como otras traducciones al inglés más recientes trasladan las palabras «desde el origen del mundo» para aplicarlas al «libro» en lugar de a la víctima. Pero no es este el sentido del original griego y los comentarios suelen hacer hincapié en ello. Algunos comentaristas llegan incluso a manifestarse en contra de las traducciones más recientes: «Es evidente que es más correcto traducirlo del griego como "el Cordero inmolado desde el origen del mundo": eso es lo que Juan quiere decir»[1].

De este versículo se hacen eco otros pasajes del Nuevo Testamento. La primera carta de Pedro se inicia con un capítulo plagado de imágenes pascuales. El autor recuerda a sus lectores que han sido «rescatados» con la sangre de Cristo «como cordero sin defecto ni mancha». Y continúa con estas palabras: «Predestinado ya antes de la creación del mundo y manifestado al final de los tiempos para vuestro bien» (1 P 1, 18-20).

A mí me desconcertaba el significado de estas palabras. Si Cristo murió en una colina de Jerusalén en

---

[1] Eugenio Corsini. *The Apocalypse*. Wilmington, DE; Michael Glazier, 1983, p. 245.

torno al año 30, ¿cómo podía decir la Escritura que fue inmolado «desde el origen del mundo»?

Pero así era: la carta a los hebreos añade que «las obras divinas estaban ya *hechas* desde la creación del mundo» (Hb 4, 3; la cursiva es mía), lo que aparentemente incluía la salvación. La frase vuelve a aparecer en Hebreos en el versículo que afirma que el sacrificio de Jesús fue «de una vez para siempre» y especifica que no tuvo que «padecer muchas veces desde la creación del mundo» (Hb 9, 26).

¿En qué quedamos? ¿Cómo pudo ser sacrificado de una vez para siempre en el siglo I si fue inmolado desde el origen del mundo?

Un Abel que lo da todo

La carta a los hebreos, que tiene mucho que ver con la historia del sacrificio, descubre indicios pascuales ya en las primeras generaciones humanas. El pastor Abel sacrificaba a los primogénitos de su ganado (ver Gn 4, 4) y su ofrenda agradaba a Dios (Hb 11, 4). Pero Abel murió a manos de su hermano Caín y la carta compara su muerte con la muerte sacrificial y redentora de Jesús (ver Hb 12, 24).

Es probable que ya en tiempos de Jesús esta fuera una interpretación tipológica tradicional de la Torá. Los rabís del judaísmo antiguo enseñaban que los hechos del libro del Génesis prefiguraban la futura liberación del libro del Éxodo. Quizá lo que vislumbramos confusamente en la historia de Abel cobra mayor evidencia en el relato de la ofrenda que hace Abrahán de Isaac. El primogénito de Abrahán se salva cuando de pronto aparece un cordero enredado en la maleza y preparado para ocupar el puesto de Isaac, igual que más adelante el cordero pascual ocuparía el lugar de los primogénitos de Israel. Estos relatos, leídos en la sinagoga, se extraían de los libros conocidos como *Targum*, las versiones arameas de los relatos bíblicos que añadían detalles aclaratorios. Según los Targum, el carnero que descubre Abrahán estaba preparado *desde la creación del mundo*[2]. Por otra parte, en la iconografía judía el carnero de Abrahán suele aparecer retratado atado a un árbol, lo que remite al cordero Pascual cruciforme[3].

En estos relatos del Antiguo Testamento los primeros cristianos, a su vez, no solo veían a Cristo como antecedente y prefiguración, sino *operativo*. Según Melitón de Sardes, Cristo es «quien fue matado en Abel»[4].

> Él es quien fue matado en Abel, mercenario en Jacob, vendido en José, abandonado en Moisés, inmolado en el cordero, perseguido en David y deshonrado en los profetas…; quien fue colgado en un madero, quien fue sepultado en tierra, quien resucitó de entre los muertos, quien fue elevado a las alturas de los cielos[5].

---

[2] Consultar al respecto Loren L. Johns. *The Lamb Christology of the Apocalypse of John: An Investigation into Its Origins and Rhetorical Force*. Eugene, OR: Wipf & Stock, 2015, p. 139.

[3] Tabory, p. 404.

[4] Hamman, p. 32.

[5] Melitón de Sardes. *Peri Pascha* en www.eltestigofiel.org.

¿Qué es lo que descubrimos aquí? Descubrimos a Cristo-víctima identificado con los más vulnerables y perseguidos de la historia, incluida la historia que precedió a su vida en la tierra. También ellos son «corderos inmolados» en misteriosa unión con Jesús ya desde el principio del mundo. Melitón dice repetidamente que Cristo no solo sufrió con ellos, sino *en* ellos.

Las fiestas de la Pascua y de los Ácimos, tal y como se celebraban en época de Jesús, contenían recordatorios de esa remota anticipación divina de la salvación. En tiempos del Éxodo la Ley estableció que estas fiestas conmemorativas duraran siete días. El siete (*sheva* en hebreo) era un número muy importante para los hebreos, ya que se asociaba a la Alianza de Dios. En el libro del Génesis Dios crea el mundo en seis días y sella su alianza con la humanidad en el séptimo. Por eso la traducción literal de *sheba,* el verbo hebreo empleado para jurar una alianza, es «hacerse siete». Un contemporáneo judío de Jesús, Filón de Alejandría, comentaba: «Una vez más, la fiesta se celebra durante siete días en atención a la preeminencia y honor que han cabido a este número en el mundo, a fin de que ninguna de las cosas que apuntan a la alegría…, así como a las acciones de gracias dirigidas a Dios, aparezca desvinculada del número siete»[6].

Los siete días de la Pascua tenían el propósito divino de remontarse al origen del mundo. Dios quiso esta fiesta para sugerir un proceso continuo de reno-

---

[6] Filón de Alejandría. «Sobre las leyes particulares II» 56; en *Obras completas*. Buenos Aires, Acervo Cultural Editores, 1976.

vación —creación y redención— que culminaría en la plenitud de los tiempos.

Melitón comparaba los antiguos acontecimientos con el modelo de arcilla que elabora un artista, cuyas promesas de belleza solo se harán evidentes una vez rematado.

SACERDOTE PARA SIEMPRE

Como calvinista, yo ya estaba convencido de la eternidad de los decretos de Dios. Dios es inmutable: su voluntad, por lo tanto, ha quedado establecida desde el origen del mundo. Pero estas Escrituras me hacían más consciente aún del modo en que Dios hizo operativa en el tiempo su voluntad eterna e inmutable.

Mientras examinaba la Escritura, empecé a vislumbrar la posibilidad de dar un significado distinto a las palabras «de una vez para siempre» aplicadas al sacrificio de Jesús. Hasta entonces las interpretaba como «terminado»; pero en ese momento comencé a comprender que ese «de una vez para siempre» solo señalaba el principio. Así lo afirma la carta a los hebreos en el mismo pasaje en el que habla del sacrificio «de una vez para siempre» de Jesús.

Este pasaje se refiere a Jesús como el sumo sacerdote definitivo que entra en el santuario del cielo. Compara y distingue su ofrenda sacrificial de la de los sacerdotes del templo de Jerusalén. Los sacerdotes terrenales repiten día tras día sus sacrificios de bueyes y cabras; y, cuando mueren, los sustituyen otros sacerdotes.

Jesús, por el contrario, «como vive para siempre, posee un sacerdocio perpetuo» (Hb 7, 24). Es más: «No tiene necesidad de ofrecer todos los días, como aquellos sumos sacerdotes, primero unas víctimas por sus propios pecados y luego por los del pueblo, porque esto lo hizo de una vez para siempre cuando se ofreció él mismo» (Hb 7, 27).

La ofrenda de Jesús es su carne, su cuerpo, con el que entra en cielo y que entrega al Padre por amor. Su ofrenda no se repite nunca porque nunca cesa. «Permanece sacerdote para siempre» (Hb 7, 3; ver también Hb 7, 17). Su sacerdocio no termina nunca. Está ofreciendo siempre un sacrificio que nunca se repite. ¡Qué asombrosa es la singular belleza del plan de Dios!

También empezaba a asombrarme la singular elección que hace el Señor de su animal emblemático. Había otros símbolos que me resultaban fáciles de entender. En el libro del Apocalipsis a Jesús se le llama también el león de la tribu de Judá (Ap 5, 5). Para mí eso sí tenía sentido. Los leones, igual que Dios, son poderosos. Su fuerza inspira respeto.

Pero ¿un cordero? El emparejamiento no podía ser más absurdo. Hasta las ovejas adultas destacan por su docilidad y su vulnerabilidad. Las crías suelen parecernos adorables, encantadoras e inofensivas: ¿justifica cualquiera de estas características la retórica de Juan en el libro del Apocalipsis? Hay un pasaje que muestra a las muchedumbres huyendo de «la ira del Cordero» (Ap 6, 16).

Puede que nos resulte gracioso. Y lo es si nos planteamos esta incongruencia dejándonos llevar por la distancia intelectual. Prescindamos de toda noción que hayamos adquirido a lo largo de los siglos a través del arte, los himnos y las oraciones: de todo lo que exalta al «Cordero». Parémonos a pensar en los paganos gentiles que se enfrentaron a expresiones como «la ira del cordero». ¿Nos parece creíble siquiera? Pensemos en sus equivalentes funcionales: *la ira del gazapo… la ira del gatito… ¡la ira del ratoncillo!*

Si pasamos por alto esta paradoja, perdemos la perspectiva. En realidad, Jesús lleva a su plenitud un principio que ha funcionado desde el origen del mundo. Lo vislumbramos en Abel y en Isaac quienes, pese a lo vulnerable de su fidelidad, fueron salvados. Y lo vemos simbólicamente en cada sacrificio pascual.

Comprendí que el Cordero del libro del Apocalipsis representa de un modo perfecto un principio que, para Pablo, pone en evidencia el mismo Jesús: «La fuerza se perfecciona en la flaqueza» (2 Co 12, 9). En el orden natural la fuerza y la debilidad son polos opuestos. Pero en Cristo ambos términos son en cierto modo sinónimos. La reflexión de Pablo sobre esta cuestión concluye así: «Aunque [Cristo] fue crucificado en razón de la flaqueza, vive por el poder de Dios» (2 Co 13, 4).

Todas las bestias horribles y terroríficas que aparecen en el libro del Apocalipsis, todos los reyes y ejércitos de la tierra, huirán ante el poder divino manifestado en el Cordero inmolado: porque Él es la plenitud de la Pascua. Su sangre no embadurna los dinteles de las puertas, sino las almas y los cuerpos humanos, y vence toda injusticia, todo pecado e incluso a la muerte.

Además, el Cordero quiso compartir su fuerza conquistadora con quienes redimió de la raza humana. Así, a través de su Pascua los hace semejantes a Él, con lo que el misterio y la paradoja crecen aún más. ¡En Ap 7, 17 el Cordero se convierte en su pastor! Es algo que —como tantas otras cosas en el libro del Apocalipsis— parece hacerse eco de la doctrina del evangelio de Juan, que comienza identificando a Jesús como «el Cordero» y termina con la identificación que hace Jesús de los cristianos como «mis corderos» (Jn 21, 15).

El profeta Isaías había predicho a un Dios que se hace visible, que «apacienta a su rebaño como un pastor, lo congrega con su brazo» (Is 40, 11). Dios, sin embargo, fue más allá de estos antiguos oráculos, porque el Cordero se convirtió en Pastor. Se hizo semejante a su rebaño para que al rebaño le resultara más fácil amarle y parecerse a Él.

Esta verdad dejaba atónitos a los primeros cristianos. Y, cuanto más reflexionaba sobre la Pascua, más atónito me dejaba a mí: era el poder de la alianza salvadora de Dios desde el origen del mundo.

Estaba empezando a ver de un modo nuevo cuándo empezó, y eso influiría poderosamente en mi planteamiento de la pregunta del pastor Hugenberger y en mi idea de cuándo, cómo y por qué «todo está consumado».

8. EL PAN ÁCIMO

Había estudiado teología en dos instituciones prestigiosas. Me había ordenado para el ministerio y no tardé mucho en encontrarme dando clase de teología a seminaristas presbiterianos. En 1982 y 1983 trabajé como profesor adjunto en el Instituto Teológico Dominion de McLean, en Virginia, que no distaba mucho de mi iglesia. Como alumno y profesor de teología —y también como cristiano—, sabía que Cristo ocupaba el centro de la historia, de la creación y de la redención. San Pablo lo dice claramente: «Porque en él fueron creadas todas las cosas en los cielos y sobre la tierra, las visibles y las invisibles… Todo ha sido creado por él y para él. Él es autor de todas las cosas y todas subsisten en él» (Col 1, 16-17).

Lo que mi estudio a fondo de la Pascua me estaba llevando a comprender era que Cristo es *eternamente* el cordero Pascual. Esta imagen —relevante en los evangelios y prevalente en el libro del Apocalipsis— no se refería solo a su identidad después de la cruz. No era el nombre que asumió con su ministerio público o con su muerte. No era algo adquirido mientras estuvo encarnado. El «Cordero inmolado» es un nombre que se le aplica «desde el origen del mundo». Es un nombre y una identidad que de alguna manera trascienden el tiempo.

Jesús fue el Cordero. Jesús es el Cordero. Por eso a mí no me escandalizaba —como sí les ocurría a otros lectores del evangelio— que los relatos evangélicos no mencionaran nunca la presencia de un cordero en la Última Cena. Si hubo un cordero, fue algo incidental, no algo que mereciera la pena mencionar. El cordero sacrificial era, a lo sumo, la sombra menguante del verdadero Cordero.

El verdadero Cordero se convertiría en el sacrificio de «una vez para siempre» y eso era lo que aparentemente Jesús predijo en su Séder. Pero lo hizo en términos que debieron de resultar extraños. No se identificó con el cordero sacrificial del Séder, sino con el pan ácimo.

Y tomando pan, dio gracias, lo partió y se lo dio diciendo: «Esto es mi cuerpo, que es entregado por vosotros. Haced esto en memoria mía» (Lc 22, 19).

Eso es lo que han hecho los cristianos desde entonces. Nuestra Iglesia presbiteriana prescribía una Cena del Señor poco frecuente; pero, cuando la celebrábamos, lo hacíamos con pan. Y entonces me pregunté sobre el significado del pan del que Jesús dispuso esa noche.

Comed la carne

Las normas bíblicas para la Pascua se especificaban en el libro del Éxodo: «Comerán la carne esa

98

misma noche; la comerán asada al fuego, con panes ácimos y hierbas amargas» (Ex 12, 8). De este único versículo extraía el rabí Gamaliel la lista de los tres elementos que deben estar presentes sobre la mesa y que hay que nombrar ante todos los asistentes.

El cordero se consumía un solo día, pero el pan ácimo debía constituir la señal distintiva de toda la semana siguiente.

> Durante siete días comeréis panes ácimos; desde el primer día haréis desaparecer de vuestras casas toda levadura, pues el que coma pan fermentado, será extirpado de Israel (Ex 12, 15).

La Pascua daba inicio a la fiesta de los Ácimos, que duraba una semana. Los judíos trataban ambas fiestas, la Pascua y los Ácimos, como una sola. El historiador Josefo emplea ambos términos indistintamente y con un sentido sinónimo[1].

El pan era importante y su sentido complejo. El mandato original sugiere que no debía contener levadura porque los israelitas salieron con prisa de Egipto: «Aún no había fermentado, pues al ser expulsados de Egipto no pudieron entretenerse» (Ex 12, 39). Además, a los viajeros la matzá les resultaría más fácil de almacenar y de transportar, y era menos probable que se estropease en el camino.

Estas son buenas razones, y razones prácticas, para que los antiguos viajeros elaboraran el pan sin leva-

---

[1] Ver, por ejemplo, Josefo. *Antigüedades judías* 17.9.3, 20.5.3; y *La guerra de los judíos* 2.14.3.

dura. Algunos comentaristas judíos posteriores sugieren otros motivos que hacían la matzá especialmente adecuada para la ocasión. Filón de Alejandría señala que la Pascua siempre cae a principios de primavera, antes de que el grano haya madurado, lo cual convierte el pan en algo imperfecto, ya que pertenece al futuro. El pan apunta a una esperanza de futuro.

Filón destaca también que el pan ácimo no es más que trigo molido y agua, puros dones de Dios, mientras que el pan fermentado requiere de las artes humanas y de la planificación. Por eso el pan sin levadura representa la gratuidad del acto redentor de Dios como una nueva creación (simbolizada por los siete días de la fiesta)[2].

La Ley insistía en que el pan de la Pascua debía ser ácimo. El castigo por emplear otra cosa era muy severo: «El que coma pan fermentado, será extirpado de Israel; y esto, desde el primer día hasta el séptimo» (Ex 12, 15). El pan sin levadura era un signo esencial del rito pascual. No había otra opción. Eliminarlo o sustituirlo implicaba ser víctima de una maldición.

Pese a formar parte integrante de una ocasión festiva, a la matzá se la llamaba «pan de aflicción» (Dt 16, 3) por servir de sustento a Israel en el momento de la huida.

En la Torá solo existe una mención al pan anterior al Éxodo que siempre me ha parecido significativa. La encontramos en la historia de la destrucción de Sodoma. Cuando los ángeles exterminadores se di-

---

[2] Filón de Alejandría. «Sobre las leyes particulares» 28.158-160 en *Obras completas*. Buenos Aires, Acervo Cultural, 1976.

rigían a la ciudad, el patriarca Lot retrasó su misión ofreciéndoles hospitalidad. Los invitó a su casa y «les preparó un banquete, coció panes ácimos y comieron» (Gn 19, 3). La comida presenta algunas semejanzas sugerentes con la Pascua, muy posterior a aquella. Cuando el Exterminador llegó a Egipto, pasó de largo ante las casas de los israelitas: las casas en las que las familias estaban comiendo panes ácimos.

Así pues, era mucho lo que se podía decir acerca del significado del pan sin levadura durante el Séder. Pero Jesús no dijo nada, sino que tomó el pan, lo partió y le dio un nuevo significado. «Este es mi cuerpo», dijo. Y a continuación ordenó a sus discípulos que «hicieran eso» en memoria suya.

Con esas acciones y esas palabras Jesús cambió para siempre el carácter de la Pascua. En ningún capítulo de los Hechos de los Apóstoles vemos a los cristianos sentados durante un Séder pascual y comiendo cordero. ¿Qué es lo que vemos? Los vemos «partiendo el pan» (Hch 2, 46; ver también 20, 7). Jesús les había dicho: «Haced esto en memoria mía»; y eso era lo que hacían: no una ni cuatro veces al año, sino con mucha frecuencia. De hecho, era la acción más característica de los primeros cristianos: «Perseveraban asiduamente en la doctrina de los apóstoles y en la comunión, en la fracción del pan y en las oraciones» (Hch 2, 42).

LA PAUSA QUE RENUEVA

Los descubrimientos derivados de mis estudios me inquietaban y me asustaban a la vez. En conciencia, me sentía obligado a avanzar hacia donde me llevaban las Escrituras y no tenía más remedio que aplicar lo aprendido al culto que se practicaba en mi iglesia. No obstante, cuando lo hacía, los miembros de mi congregación decían: «¡Eso suena a católico!». A algunos les gustaron los cambios y a otros no, pero su comentario era coherente. Lo que hacíamos «sonaba a católico».

En torno a esas fechas estaba estudiando el evangelio de Juan con los seminaristas del Dominion. El relato de Juan, estructurado en torno a tres Pascuas, me llevó a profundizar aún más en el estudio del ritual judío y de las sacramentos cristianos. Aunque había leído el evangelio de Juan docenas de veces, nunca me había llamado tanto la atención su carácter pascual. Y no podía sino relacionar el famoso discurso del Pan de Vida con el enigmático significado que Jesús dio al pan en la Última Cena. «Este es mi cuerpo», dijo Jesús, sin más explicaciones. Unas explicaciones que, según Juan, ya había dado antes:

> Jesús les respondió: «Yo soy el pan de vida; el que viene a mí no tendrá hambre, y el que cree en mí no tendrá nunca sed... Yo soy el pan vivo que ha bajado del cielo. Si alguno come este pan vivirá eternamente; y el pan que yo daré es mi carne para la vida del mundo» (Jn 6, 35; 51).

Sabemos que las multitudes que escucharon estas palabras no fueron capaces de asumir lo que Jesús les decía. Le dieron toda clase de oportunidades para que lo interpretara como una metáfora o un símbolo; pero Él les contestó en términos aún más gráficos, prometiéndoles un «pan» que era su «carne». Sabemos que, finalmente, «muchos discípulos se echaron atrás y ya no andaban con él» (Jn 6, 66): «Es dura esta enseñanza, ¿quién puede escucharla?» (6, 60), comentaban.

Juan nos dice que la ocasión elegida para el discurso fue la Pascua (6, 4). Y en el discurso Jesús se identificó como «el pan que ha bajado del cielo» (6, 32) y como el «pan de vida» (6, 35), trazando un paralelo con Moisés, de quien se sirvió Dios para alimentar a los israelitas con el maná (Ex 16, 4ss).

Cuando comentamos en clase este pasaje, mis alumnos se pusieron nerviosos. Como es lógico, para muchos de ellos se trataba de un material totalmente nuevo. De hecho, es un pasaje que —pese a su extensión y a sus términos perentorios, pese a sus decisivos mensajes acerca del discipulado y de la autoridad— los evangélicos minimizan o, directamente, evitan. Ahora, con el paso de los años, he comprendido por qué lo hacen. *Son* palabras difíciles, y especialmente difíciles de encajar con la práctica del culto de nuestras iglesias.

Mis alumnos acometieron con entusiasmo el debate del discurso del Pan de Vida a la luz del relato que hacen los sinópticos de la Última Cena. Luego tratamos ambos temas a la luz de la doctrina del sacrificio del Antiguo Testamento: algo sumamente relevante, porque a los israelitas no les bastaba con *matar* al cordero. La muerte era solo uno de los aspectos del sacrificio. El fin último consistía en restaurar la comunión entre Dios y su pueblo, cosa que se llevaba a cabo mediante el rito de la cena pascual. En otras palabras: el Pueblo Elegido *debía comer el cordero*. Las palabras que Jesús, a quien Juan había identificado como el «Cordero de Dios», les decía a los discípulos elegidos eran duras: su propia carne sería su pan y su salvación dependería del consumo de esa carne.

Es más: no se trataba de algo que se hacía «una sola vez». Jesús ordenaba a sus discípulos «hacer eso» desde entonces y para siempre en memoria de su sacrificio. Su fin último era restablecer la comunión y Él la restableció por medio del pan que era su cuerpo. La conclusión me parecía inevitable: también nosotros tenemos que comer el Cordero.

Mis alumnos, muchos de los cuales conocían el catolicismo mejor que yo, empezaron a hacerse eco de lo que decían mis feligreses: «Eso suena demasiado a católico», cosa que me alarmó y acabó llevándome a cuestionarme mi compromiso con la autoridad y la tradición de mi confesión. Mis maestros calvinistas habían infundido en mí un profundo respeto por la Escritura. Me habían enseñado que las palabras de la Biblia eran inspiradas y no contenían error. Pero ¿y si descubría que las palabras de la Biblia contradecían la práctica y la doctrina de nuestras iglesias calvinistas?

No creía que la Iglesia católica pudiera ser la verdadera Iglesia. Después de todo, «sabía» que el catolicismo estaba plagado de errores evidentes. Los católicos creían que sacrificaban a Jesús repetidamente, que se le daba muerte una y otra vez cada vez que celebraban misa. No me sentía demasiado tentado a pensar que podían tener razón. Pero ¿y si éramos *nosotros* los que estábamos equivocados? ¿Y si estábamos *tan* equivocados respecto a algo tan importante como la renovación de la Nueva Alianza en Jesucristo?

Desde esa perspectiva la admonición de san Pablo adquiría un significado decisivo: «Cristo, nuestro cordero pascual, fue inmolado» (1 Co 5, 7). Fijaos en que no concluyó diciendo: «… de una vez para siempre, así que no queda nada por hacer». Por el contrario, en el versículo siguiente dice: «Por tanto, celebremos la fiesta, no con levadura vieja ni con levadura de malicia y de perversidad, sino con ácimos de sinceridad y de verdad» (1 Co 5, 8); es decir, algo nos queda por hacer a nosotros. Debemos celebrar un banquete con Jesús, el Pan de Vida y nuestro cordero pascual.

Como había ocurrido antes con Jesús, Pablo no permite que a sus oyentes se les escape ese significado. No deja espacio alguno a una interpretación meramente simbólica, sino que insiste en la carne y la sangre reales de la comunión sacramental. En esa misma carta a los corintios escribe: «El pan que partimos ¿no es la comunión [*koinonia* en griego] del Cuerpo de Cristo?» (1 Co 10, 16). Y más adelante advierte: «El que come o bebe sin discernir el cuerpo, come y bebe su propia condenación» (1 Co 11, 29).

Las palabras son tan perentorias en este caso como las del discurso del Pan de Vida. Yo agradecía profundamente a Dios lo que me estaba haciendo ver, pero también me sentía profundamente inquieto. El don que nos hacía Jesús era inmenso. Pero ¿«lo discerníamos» bien nosotros? ¿O estábamos comiendo y bebiendo nuestra condenación?

No contaba con una respuesta evidente. Pero sabía que, en conciencia, no podía seguir haciendo lo que hacía. No podía presentarme como pastor de la Iglesia presbiteriana ortodoxa ni como maestro de su doctrina. La perspectiva me aterraba. Mis títulos no me legitimaban para ningún otro empleo y ahora ya era esposo y padre. Aun así, no veía otra salida.

En medio de esa mezcla de emociones recibí una noticia tan buena como dolorosa. El Instituto Teológico Dominion me ofrecía el puesto de mis sueños. La dirección me preguntó si aceptaría el cargo de decano académico del seminario. Yo había rezado para que llegara ese momento. Había soñado con ese momento. Y, sin embargo, sabía que debía rechazar la oferta.

Para Israel el pan del cielo era también el pan de aflicción: una conexión que no me pasó desapercibida. Mi familia y yo iniciamos nuestro propio éxodo. Volvimos al oeste de Pensilvania, donde habíamos crecido Kimberly y yo. Allí ocupé el puesto de ayudante del presidente del Grove City College, nuestra alma mater: un trabajo menos exigente que el de pastor y que me dejaría tiempo para dedicarme al estudio y la oración.

9. LAS COPAS

En el estudio encontré consuelo. También encontré respuestas... y surgieron preguntas nuevas. Y los eruditos que consulté suscitaron en mí aún más preguntas.

Entre las dificultades que ofrecían los relatos de la Última Cena se contaba el modo en que el Séder termina antes de tiempo y la liturgia queda inacabada. Jesús y sus discípulos abandonan la habitación y se adentran en la noche después de recitar el himno (ver Mc 14, 26). Pero no beben la copa de vino —la cuarta copa— prescrita para acompañar el himno. Una omisión flagrante.

De hecho, Jesús pone de relieve dicha omisión y destaca su intencionalidad. Mientras coge la tercera copa, dice: «En verdad os digo que ya no beberé del fruto de la vid hasta aquel día en que lo beba de nuevo en el Reino de Dios» (Mc 14, 25).

Los estudios de los eruditos judíos abordan a menudo este problema. En su caso los evangelios les proporcionan un antiguo testimonio de la observancia de la Pascua potencialmente valioso; de ahí que lo sometan a un análisis minucioso. La omisión de la última copa plantea un grave problema.

Como pastor —incluso como pastor de una iglesia tradicionalmente no litúrgica—, sabía qué sucedía cada vez que defraudaba las expectativas de la gente durante el culto dominical. Si te saltas el himno de costumbre, se alza un clamor. Todo el mundo se da cuenta. Muchos se quejan. En el entorno judío del siglo I, con unos rituales tan firmemente establecidos, esa ausencia sería mucho más llamativa: sobre todo si un rabí optaba por detenerse *justo antes* del momento culminante de la liturgia principal de la fiesta más importante del año. Veinte siglos más tarde, la omisión sigue siendo motivo de escándalo para los lectores que llevan toda la vida observando devotamente el Séder.

Aun así, Jesús prescindió de la cuarta copa. Dijo en voz alta que prescindía de ella. Y no ofreció explicación alguna.

La gran omisión

Fijémonos en la copa en su contexto. A primera vista, en el Séder el vino puede parecer menos esencial que —por ejemplo— el cordero o el pan ácimo. En las rúbricas prescritas por la Torá ni siquiera aparece. Los historiadores creen que las cuatro copas de vino se añadieron con posterioridad para dar más peso al significado festivo del banquete: «el vino… alegra el corazón del hombre» (Sal 104, 15). El rabí Gamaliel no incluye el vino entre los tres elementos esenciales de la Pascua; aun así, la Mishná prescribe claramente que se reparta.

108

La cena Pascual se dividía en cuatro partes o pasos, y cada uno de ellos iba acompañado de una copa de vino tinto mezclado con agua. Para que su experiencia de la fiesta fuese completa, a los judíos más pobres se les garantizaban las cuatro copas a expensas de la comunidad. Las instrucciones de los rabís regulaban incluso la proporción del vino y el agua contenidos en cada copa.

Como hemos visto, el primer paso de la comida consistía en una bendición especial (*kidush*) pronunciada sobre la primera copa de vino y seguida de un plato de hierbas.

El segundo paso incluía la recitación del relato de la Pascua, las preguntas y las respuestas, y el «pequeño Hallel» (Sal 113), al que seguía la segunda copa de vino.

El tercer paso era el plato principal compuesto de cordero y pan ácimo, tras el cual se bebía la tercera copa de vino, conocida como «copa de la bendición».

El Séder culminaba con el canto del «gran Hallel» (Sal 114-118) y la cuarta copa de vino, a menudo denominada «copa de la consumación».

Los historiadores de la Pascua ven este patrón reflejado en los relatos evangélicos de la Última Cena. El estudioso de la antigua ley judía más prestigioso del siglo XX, el rabí David Daube (Oxford), abordaba este episodio evangélico en un trabajo titulado (¡atención: *spoiler*!) «La omisión de la cuarta copa». En él señala que la copa proclamada por Jesús «sangre de la alianza» (Mc 14, 24) es sin duda la tercera copa de la hagadá, conocida como la «copa de la bendición» porque se consumía junto con la oración de acción de gracias del plato principal. En su explicación de la Cena del Señor san Pablo parece corroborar que esa copa es la tercera: «El cáliz de bendición que bendecimos ¿no es la comunión de la sangre de Cristo?» (1 Co 10, 16).

Junto con la oración pronunciada sobre esa copa Jesús dice a sus discípulos: «Ya no beberé del fruto de la vid hasta… que lo beba de nuevo en el Reino de Dios». David Daube señala: «Eso significa que la tercera copa no se consumirá —como sería lo normal— en un momento posterior del servicio: quedará pospuesta hasta que el Reino quede plenamente establecido»[1].

En su contexto inmediato la cuarta copa ocupaba un lugar preponderante. Era el cierre a las ritos que renovaban la alianza entre Dios e Israel. Su omisión equivaldría a un espacio vacío en las paredes del Louvre en el lugar que ocupa la Mona Lisa. Después de hacer un recorrido de varias horas, la gente espera llegar al destino prometido (y, en este caso, acostumbrado). La omisión de la cuarta copa —la «copa de la consumación»— tuvo que chirriar. De hecho, tuvo que cambiar el sentido que dieron los discípulos a todo lo que había venido antes[2].

---

[1] David Daube. *The New Testament and Rabbinic Judaism*. Peabody, MA: Hendrickson, 1994 [Londres, 1956], p. 330-332.

[2] Ver W. L. Lane. *The Gospel According to Mark*. Grand Rapids, MI: Eerdmans, 1974, p. 508: «La copa de la que prescindió Jesús fue la cuarta, que solía poner fin a la reunión pascual… Jesús había empleado la tercera copa, asociada con la obra de redención prometida, para referirse a su asombrosa muerte… La copa que rechazó fue la copa de la consumación».

En las Escrituras una copa de vino pocas veces —o nunca— equivale simplemente a una copa de vino. La «copa» es uno de los objetos más significativos y sugerentes de la literatura hebrea. Tiene un valor simbólico complejo. Representa el futuro. Representa el juicio. Representa bendición. Representa ira. Representa felicidad. Representa pesar. Y puede significar todas estas cosas a la vez.

Cualquier copa de vino tiene consecuencias y determina el futuro. Es signo de la rectitud que implica elegir al Señor como copa propia: «Tú eres el lote de mi heredad y mi copa: Tú sostienes mi parte» (Sal 16, 5), proclama el salmista; y en ese mismo sentido: «Alzaré la copa de la salvación e invocaré el Nombre del Señor» (Sal 116, 13). La copa es un elemento característico del culto de Israel. Significa aceptar de antemano el cuidado providente de Dios.

El futuro, no obstante, sigue siendo motivo de incertidumbre y ansiedad. El mensaje recurrente de la Biblia consiste en la obligación de confiarlo todo al Señor. No obstante, el pueblo siempre sufrió la tentación de invertir sobre seguro. El profeta Isaías clamaba contra sus contemporáneos que olvidaron al Dios de Israel para confiar su futuro a los ídolos, llenando «copas para Mení» (Is 65, 11). De este modo rompieron su alianza con el Dios verdadero y la sustituyeron por un vínculo con la Fortuna y el Destino: los ídolos en el mejor de los casos ilusorios —y en el peor demoniacos— de sus vecinos paganos.

En uno y otro caso la copa es el signo de una vida compartida. Representa un vínculo de alianza, un vínculo familiar. El profeta se refiere en estos términos a la relación de Dios con Israel y la compara con el matrimonio (ver, por ejemplo, Os 2, 18-20; Jr 2, 2; 3, 1). En esos mismos términos aparecen contemplados los actos de idolatría, cuando no como uniones adúlteras. La palabra empleada para describir a los falsos dioses, *baal*, deriva de un término semítico habitualmente aplicado al marido (Os 2, 16-17). Adorar a dioses falsos significaba entablar una relación ilícita. Llenar una copa de vino para un ídolo era el símbolo de la traición, de la entrega a un dios falso de algo que pertenecía al Dios verdadero.

Muchas veces lo que la gente temía del culto verdadero era su propia indignidad. Toda alianza, como ya he señalado antes, promete bendiciones o maldiciones: bendiciones para su fiel cumplimiento, maldiciones para la infidelidad. Cualquiera que establece la alianza bebe de la misma copa, pero el significado de esa copa depende de su fidelidad. Bebe su propia salvación o su condena.

Por eso la copa de la alianza aparece descrita como «copa de salvación» y, al mismo tiempo, como «copa de su furor» (ver Is 51, 17). En el caso del justo rebosa la copa de bendición, mientras que en el caso del malvado rebosa la copa de la ira:

> ¡Ay del que escancia a su prójimo,
> echándole veneno hasta embriagarlo,
> para mirar su desnudez!
> Te saciarás de ignominia, en vez de gloria.
> ¡Bebe tú también y desnúdate!
> Que la diestra del Señor te pasará la copa
> y la ignominia superará tu gloria.
>
> (Ha 2, 15-16)

El significado de «la copa» no es exclusivo del Antiguo Testamento. San Pablo emplea términos similares para hablar del cáliz de la Cena del Señor: la tercera copa, la copa de bendición consagrada por Jesús. Dice a los corintios:

El cáliz de bendición que bendecimos ¿no es la comunión de la sangre de Cristo? El pan que partimos ¿no es la comunión del Cuerpo de Cristo?... No podéis beber el cáliz del Señor y el cáliz de los demonios; no podéis participar de la mesa del Señor y de la mesa de los demonios (1 Co 10, 16; 21).

No obstante, también para los cristianos la «copa de bendición» puede ser la copa de un juicio severo y la copa de la ira. Quienes se acercan a ella indignamente no merecen la bendición de la alianza, sino la maldición. Por eso Pablo advierte a esos mismos fieles:

Examínese, por tanto, cada uno a sí mismo, y entonces coma del pan y beba del cáliz; porque el que come y bebe sin discernir el Cuerpo, come y bebe su propia condenación. Por eso hay entre vosotros muchos enfermos y débiles, y mueren tantos (1 Co 11, 28-30).

En el Nuevo Testamento la alianza de Dios sigue estando representada por la copa y en los mismos términos: «Pongo ante vosotros la vida y la muerte, la bendición y la maldición» (Dt 30, 19). La copa representa el futuro: un futuro de bendición o de maldición.

En cualquier liturgia judía la copa implicaba consecuencias. En el Séder la copa era sumamente importante. ¿Cómo interpretar entonces la omisión de Jesús de la copa final en su última Pascua?

Algunos eruditos sugieren la existencia de factores psicológicos que explican el olvido de Jesús. Señalan cómo a continuación «comenzó a afligirse y a sentir angustia. Y les dice: "Mi alma está triste hasta la muerte"» (Mc 14, 33-34). Quizá se encontraba demasiado alterado para preocuparse por la exactitud litúrgica de las rúbricas.

Aunque este análisis puede parecer verosímil, una reflexión más profunda lo hace improbable. En primer lugar, si estaba tan consternado y tan turbado, resulta dudoso que Jesús olvidara e interrumpiese la liturgia pascual *después de declarar de forma explícita su intención de no beber la cuarta copa,* sobre todo teniendo en cuenta que prosiguió recitando el gran Hallel. ¿Por qué iba a expresarse con tanta claridad antes de actuar tan desordenadamente? Esa noche el resto de sus actos describen a un hombre claramente angustiado, pero con pleno autodominio. ¿Por qué optó por no beber?

Al pasar al siguiente momento en la línea temporal del evangelio, la oración de Jesús en el huerto de los Olivos, encontré lo que estaba buscando. Encontré una alusión a la copa omitida. «Y adelantándose un poco, se postró rostro en tierra mientras oraba diciendo: "Padre mío, si es posible, *aleja de mí este cáliz*; pero que no sea tal como yo quiero, sino como quieres tú"» (Mt 26, 39).

¡*Este cáliz*! Tres veces oró Jesús al Padre pidiendo que alejara de él «este cáliz». Lo cual plantea una pregunta obvia: ¿a *qué cáliz* se refería Jesús?

Algunos eruditos explican el lenguaje de Jesús identificándolo con «la copa del furor de Dios» de los profetas del Antiguo Testamento (Is 51, 17; Jr 25, 15). Aunque no cabe duda de que existe esa conexión, no parece tan directa como la principal conexión que sugiere el contexto pascual.

Observemos que la decisión de Jesús de no beber del «fruto de la vid» reaparece en la escena del Gólgota previa a su crucifixión: «Y le daban a beber vino con mirra, pero él no lo aceptó» (Mc 15, 23). El relato no explica su negativa, pero es probable que esta remita a su compromiso de no beber hasta que su reino quede manifestado en su gloria.

A continuación la trama da un giro interesante. «Después de esto, como Jesús sabía que todo estaba consumado, para que se cumpliera la Escritura, dijo: "Tengo sed"» (Jn 19, 28).

Jesús tuvo sed mucho antes de que llegaran sus últimos instantes de vida. Por eso sus palabras tienen que reflejar algo más que su deseo de un último trago. Es evidente que se hallaba en plena posesión de sus facultades, ya que fue consciente de que «todo estaba ya consumado».

Lo que estaba consumado, fuese lo que fuese, parece guardar una relación directa con sus palabras, que pronunció «para que se cumpliera la Escritura». Las cosas encajan aún mejor cuando leemos lo que sucedió después de manifestarse sediento: «Había por allí un vaso lleno de vinagre. Sujetaron una esponja empapada en el vinagre a una caña de hisopo y se la acercaron a la boca» (19, 29). Solo Juan menciona que se empleó un hisopo, la rama prescrita en la ley pascual para rociar la sangre del cordero (Ex 12, 22).

Este versículo revela algo muy significativo. Al optar por omitir la cuarta copa Jesús dejó inacabada la liturgia pascual. Había declarado su intención de no volver a beber vino hasta entrar en la gloria de su reino. Y *rechazó* el vino que se le ofreció en una ocasión, justo antes de ser clavado a la cruz (Mc 15, 23). Por último, llegado al final, a Jesús le ofrecieron «vino agrio» o «vinagre» (Jn 19, 30; Mt 27, 48; Mc 15, 36; Lc 23, 36). Todos los sinópticos dan testimonio de ello. Pero solo Juan recoge su respuesta: «Jesús, cuando probó el vinagre, dijo: "Todo está consumado". E inclinando la cabeza, entregó el espíritu» (19, 30).

¡*Todo está consumado*! Por fin tenía una respuesta a la pregunta planteada por el predicador. Lo que estaba consumado era la Pascua.

Así pues, en su Séder no faltó nada: quedó consumado, completado, concluido con el vino que bebió el Señor con su último aliento de vida.

10. LA HORA

En aquellos días le di muchas vueltas al evangelio según san Juan: ese evangelio que es el más pascual de todos. Cuando un grupo de estudiantes me invitó a pronunciar una conferencia en Grove City College, no tuve ninguna duda de cuál era el tema que deseaba tratar.

Ahora todas las páginas del evangelio de Juan las leía a la luz de las últimas: la consumación de la vida de Jesús en la cruz. Como ya he dicho antes, en el cuarto evangelio la Pascua es sumamente importante. El relato está estructurado en torno a tres celebraciones de esa fiesta. En el primer capítulo Jesús aparece identificado repetidamente como el «Cordero de Dios».

No obstante, el evangelio de Juan es el único que no presenta explícitamente la Última Cena como un Séder pascual. En el de Lucas Jesús manifiesta su ferviente deseo de comer la Pascua con sus discípulos; y en Mateo y en Marcos se refiere repetidamente a esa comida como la Pascua. Además, en los sinópticos el núcleo central de la Última Cena es el relato de la institución: la narración de cómo Jesús instaura la Cena del Señor. Estos pasajes presentan algunos problemas: unos problemas que no son insalvables.

En primer lugar, la Última Cena descrita en el capítulo 13 de Juan no menciona ni las copas de vino ni la partición del pan, pero ofrece otras características que, tomadas en su conjunto, sugieren que constituyó un Séder pascual. Dicho capítulo comienza situando la escena en «la víspera de la fiesta de Pascua», es decir, la tarde que precedió al Séder. La cena que tiene lugar a continuación se celebra de noche (Jn 13, 30); los asistentes están recostados a la mesa (Jn 13, 23) y «mojan» los bocados antes de comerlos (Jn 13, 29); y algunos discípulos dan por supuesto que Judas sale de allí para entregar algo a los pobres (Jn 13, 29). Aunque no hay ninguna mención explícita de la fiesta de la Pascua, todos estos detalles describen acciones propias del Séder y prescritas tanto pòr la Escritura como por la tradición rabínica.

También la descripción que hace Juan de la crucifixión está llena de símbolos pascuales. Todos los evangelios detallan que en medio de sus sufrimientos a Jesús se le ofreció vino (o vinagre), pero solo Juan menciona que la esponja estaba sujeta a una caña de hisopo (Jn 19, 29). De una mata de hisopo se sirvieron los israelitas durante la primera Pascua para untar con la sangre del cordero los dinteles de las puertas (Ex 12, 21-23). Solo Juan señala que Jesús vestía la túnica sin costuras propia de las vestiduras sacerdotales (Jn 19, 23); que su muerte se produjo a la misma hora en que se solía ofrecer el sacrificio en el Templo; y que a Jesús no le rompieron ningún hueso (Jn 19, 33-36): uno de los requisitos del cordero pascual. En el evangelio de Juan, por lo tanto, Jesús se presenta una y otra vez como el perfecto cumplimiento de la Pascua. Es el sumo sacerdote y es el cordero inmolado.

Por último, Juan parece dar por supuesto que sus lectores conocen los relatos de la pasión de Jesús que hacen los sinópticos. Los otros tres evangelios afirman que durante la Última Cena Jesús aplaza la última copa, al tiempo que anuncia expresamente su intención: «Os aseguro que desde ahora no beberé de ese fruto de la vid hasta aquel día en que lo beba con vosotros de nuevo, en el Reino de mi Padre» (Mt 26, 29; ver también Mc 14, 25 y Lc 22, 18).

Los sinópticos suscitan el problema de la omisión de la cuarta copa, pero no lo resuelven. Si todo lo que tuviéramos fuesen Mateo, Marcos y Lucas, podríamos concluir que Jesús estaba aplazando la cuarta copa hasta el momento de su segunda venida. No obstante, Juan completa, complementa e ilustra los sinópticos.

Es él quien explica el significado del aplazamiento de Jesús. Da por hecho que los lectores conocen los sinópticos; que saben qué ocurrió en el cenáculo y saben cómo oró Jesús en el huerto. Y, al mismo tiempo, ata todos los cabos. Aunque no nos transmite las palabras o los temas de la oración de Jesús en Getsemaní, es el único evangelista que nos informa de las palabras que Jesús dirige a Pedro: «Envaina tu espada. ¿Acaso no voy a beber el cáliz que el Padre me ha dado?» (Jn 18, 11). Esta mención del «cáliz» no tendría sentido si el lector no estuviera al tanto de la tradición sinóptica[1].

---

[1] Ver Raymond E. Brown. *The Death of the Messiah: From Gethsemane to the Grave.* Nueva York: Doubleday, 1994, 2:1007: «En 18, 11 Jesús dice que desea beber el cáliz que le ha dado el Padre; cuando Jesús bebe el vino que le ofrecen, ha cumplido el compromiso asumido al inicio del relato de la Pasión».

Los cuatro evangelios cuentan que a Jesús se le ofreció un trago de vino agrio en el lugar de su ejecución; pero Mateo, Marcos y Lucas no especifican si Jesús lo bebió. ¿Cómo sabemos entonces si lo hizo o no? ¿Cómo sabemos que su alusión a beber vino en «el reino» no tiene que ver con su segunda venida al final de los tiempos?

Lo sabemos porque Juan, el único narrador que fue testigo ocular de los hechos, asegura que Jesús lo bebió (Jn 19, 29-30). Así es como nos revela que el reino no es lo que muchos imaginaban que sería. La naturaleza del reino es el amor divino que se entrega libre y plenamente y se manifiesta en la cruz (ver Jn 12, 31-33).

TU HORA, MI HORA, NUESTRA HORA

Mientras proseguía mis estudios sobre Juan descubrí las muchas ocasiones en que Jesús fue preparando a sus discípulos para lo que acabarían viviendo. Me di cuenta de que Jesús habló a menudo del momento en que su misión quedaría completada, un momento al que llamaba su «hora». La lectura de las obras de san Agustín, el principal estudioso de las Escrituras de los siglos IV y V, me reveló que, según él, en el evangelio de Juan los términos «hora» y «copa» son sinónimos: «la hora de su pasión, que indicó luego con el término cáliz»[2].

Empecé a vislumbrar que la noción de «hora» de Juan iba a ser clave para entender la Pascua y la copa.

---

[2] San Agustín. *La concordancia de los evangelistas* III, 13.

Y abordé el tema en mis sesiones con mi grupo de jóvenes universitarios.

En el evangelio la palabra griega «hora» tiene un sentido literal concreto. Para Juan y para Jesús este término define el momento culminante de la vida y la misión de Jesús, los acontecimientos históricos de la ofrenda sacrificial de sí mismo. «Intentaban detenerle, pero nadie le puso las manos encima porque aún no había llegado su hora» (Jn 7, 30); y: «Estas palabras las dijo Jesús… en el Templo; y nadie le prendió porque no había llegado su hora» (Jn 8, 20).

Así lo ponen de manifiesto las referencias al arresto de Jesús, una vez llegada su «hora». Esa hora llegó en los días finales de su vida en la tierra con su pasión, su muerte y su resurrección. Pero implicaba mucho más. Al analizar el cuarto evangelio en su totalidad y buscar todas las referencias a la «hora» de Jesús, descubrí que la palabra contenía un *significado espiritual* aún más profundo. Tomadas en su conjunto, todas las «horas» del evangelio de Juan apuntan a un momento iniciado hace muchos siglos en una ciudad de Palestina; pero también apuntan, de un modo muy claro y específico, a un momento y a un lugar que los cristianos deben seguir conociendo hoy.

AHÍ ESTÁ MARÍA

Jesús podría haber elegido otra palabra. En arameo y en griego (así como en el español moderno), son muchas las opciones. Podría haber hablado de su «momento» o de su «día». No obstante, eligió «hora» y empleó la palabra de un modo notablemente consistente y con un marcado efecto acumulativo.

Jesús utilizó el término «hora» para referirse al misterio central de la fe, a la misión que había venido a cumplir. La primera vez que queda recogido el empleo de esta palabra es el día de su primer milagro en el banquete de bodas de Caná de Galilea. Ese domingo Jesús llega a la fiesta acompañado de su madre y sus discípulos. Cuando al cabo de un rato se acaba el vino —una situación embarazosa para los recién casados—, María dice a su hijo: «No tienen vino» (Jn 2, 3); a lo que Jesús responde: «Mujer, ¿qué nos va a ti y a mí? Todavía no ha llegado *mi hora*» (Jn 2, 4).

¿No te parece extraña esta respuesta? María se ha limitado a hacer un comentario práctico: se ha acabado el vino; pero, aparentemente, Jesús descubre en él algo que va mucho más allá. Para entender sus palabras —«todavía no ha llegado mi hora»— hay que fijarse en lo que llevan implícito. Está claro que Jesús aguarda una hora en la que sucederá algo trascendental. Pero esa hora no ha llegado aún. Podríamos compararlo con un novio que invita a su novia a su dormitorio para ver su colección de sellos. La novia haría bien en responder: «Pero ¿qué estás diciendo? Todavía no ha llegado nuestra hora». Lo cual en este caso también implica que algún día llegará la hora —en que no habrá nada de malo en que los dos estén juntos en su cuarto—, pero esa hora aún no ha llegado.

Pero ¿qué es lo que aparece implícito en la conversación de Caná? ¿Qué pudo traer a la memoria de Jesús su «hora»? ¿Qué hay en la petición de su madre que pudiera sugerir, siquiera remotamente, ese momento tan lejano aún en que Jesús se ofrecerá a sí mismo?

Veamos el resto del episodio en busca de algún detalle que revele la conexión del banquete de bodas con la hora de la pasión, muerte y resurrección de Jesús.

La petición de María ejerce sobre su hijo un efecto sorprendente. «Había allí seis tinajas de piedra… cada una con capacidad de unas dos o tres metretas. Jesús les dijo: "Llenad de agua las tinajas". Y las llenaron hasta arriba… Cuando el maestresala probó el agua convertida en vino… llamó al esposo y le dijo: "Todos sirven primero el mejor vino, y cuando ya han bebido bien, el peor; tú, al contrario, has reservado el vino bueno hasta ahora"» (Jn 2, 6-10).

¿Qué nos dice este relato sobre la hora de Jesús? Caná fue —afirma Juan— el primero de los signos de Jesús. Y emplea la palabra «signo» en lugar de «maravilla» o «milagro» porque quiere recalcar el significado simbólico que hay detrás de los milagros. Un signo es un milagro, sí, pero también un indicador de algo aún más grande.

Volvamos a la conversación entre Jesús y su madre. Solo hay una cosa en la petición de María que pudo haber desencadenado una respuesta como esa: «No tienen vino».

Jesús sabía que, una vez llegada su hora, proveería del vino: del mejor vino, de hecho. Pero esa hora final aún no había llegado.

SANANDO LAS HERIDAS DE LOS SAMARITANOS

Pasemos a la siguiente ocasión en que aparece mencionada la «hora». En el capítulo 4 del evangelio de Juan Jesús mantiene una conversación con alguien a quien hoy llamaríamos «marginal». Se trata de una samaritana, miembro de un pueblo rebelde que, pese a descender de Israel, lleva siglos practicando una religión degradada e idólatra. Los judíos devotos no se dignaban a hablar con los samaritanos. No obstante, Jesús elige a esta samaritana como receptora de su primera enseñanza explícita acerca de su «hora». Cuando la mujer menciona las diferencias religiosas entre judíos y samaritanos, Jesús responde: «Créeme, mujer, llega *la hora* en que ni en este monte ni en Jerusalén adoraréis al Padre… Llega *la hora*, y es esta, en la que los verdaderos adoradores adorarán al Padre en espíritu y en verdad» (Jn 4, 21-23).

Una vez más, nos encontramos a Jesús refiriéndose a su hora; y esa hora trasciende —también una vez más— los acontecimientos históricos que rodean a su Pasión. En Caná sus palabras revelan que espera proveer de vino una vez llegada esa hora. En esta ocasión, con la mujer samaritana, revela otra dimensión.

En este pasaje descubrimos que su hora no es solamente un tiempo en el que proveerá de vino, sino algo más: es un tiempo de adoración, un modo de adorar radicalmente nuevo que ni siquiera los judíos del templo de Jerusalén han conocido jamás. Cuando llegue la hora, se derramará el agua viva del Espíritu Santo para permitir que todo el mundo sea capaz de adorar «en espíritu».

Este derramamiento lo cambió todo. Ahora, en la hora de Jesús, lo importante no es *dónde* adorar, sino *cómo* adorar. Y esa adoración no queda restringida al Pueblo Elegido ni al templo de Jerusalén. Adorar «en espíritu» está al alcance incluso de aquellos a quienes los judíos consideraban espiritualmente muertos. ¿Y cómo es posible tal cosa? La respuesta vuelve a hallarse en la hora.

LOS GRIEGOS QUE TRAEN REGALOS

Jesús retoma el tema de su hora en el capítulo 5 de san Juan cuando explica a la gente por qué cura en sábado y dice a la multitud: «En verdad, en verdad os digo que llega la hora, y es ésta, en la que los muertos oirán la voz del Hijo de Dios; y los que la oigan vivirán» (Jn 5, 25-29).

Esta es la tercera dimensión de la hora. No se trata solamente de un tiempo de adoración en el que se proveerá del «mejor vino», sino de un tiempo en el que la Palabra de Dios llevará a la gente a la contrición y al perdón: en otras palabras, a una vida nueva.

La siguiente conversación sobre su hora tiene lugar durante la Pascua (Jn 12, 20ss). En Jerusalén unos griegos acuden a Felipe para pedir una audiencia con Jesús. Felipe y Andrés trasladan el mensaje a Jesús, esperando tal vez que conteste: «Enviadlos aquí». No obstante, igual que en Caná, la respuesta de Jesús es inesperada e incluso desconcertante: «Ha llegado la hora de que sea glorificado el Hijo del Hombre. En verdad, en verdad os digo que si el grano de trigo no muere al caer en tierra, queda infecundo; pero si muere, produce mucho fruto» (Jn 12, 23-24).

Vamos a ver: ¿así que, cuando los apóstoles dicen a Jesús que unos griegos han venido a verle, Él les contesta que ha llegado su hora y empieza a hablar de la muerte y de granos de trigo? Seguramente esto significa algo, pero ¿el qué? Los apóstoles debieron de quedarse perplejos. Se habían limitado a hacer una petición y, por toda respuesta, Jesús predica un sermón. ¡Ni siquiera sabemos si habló o no con los griegos!

Este rico pasaje tiene mucha miga. Examinemos uno a uno todos los detalles.

Fíjate, en primer lugar, en que la conversación tiene lugar durante la Pascua. El rito central de la fiesta de la Pascua era el sacrificio de un cordero sin mancha. En el evangelio de Juan Jesús recibe de forma explícita el nombre de «Cordero de Dios» (Jn 1, 29, 36). La «hora» del Cordero es, por lo tanto, la Pascua. Y esa Pascua en particular es más importante aún, porque esta vez no solo son liberados los hijos de Israel: también lo son las naciones, gentiles y griegos.

¿Verdad que sería un buen momento para que Jesús empleara la metáfora del «cordero»? Pues no lo hace. En su lugar, habla del trigo, de un trigo que «muere» para dar «mucho fruto». ¿Y qué forma tomará ese fruto una vez cosechado el grano? La forma de pan, naturalmente.

Ha llegado *la hora*, dice Jesús. Es la Pascua. Jesús es el Cordero. Y está hablando de su propio sacrificio. Esto queda aún más explícito en los versículos siguientes cuando, refiriéndose otra vez a su hora, dice: «Ahora mi alma está turbada; y ¿qué voy a decir?: "Padre, líbrame de esta *hora*"? ¡Pero si para esto he venido a esta *hora*! ¡Padre, glorifica tu nombre!» (Jn 12, 27-28).

No se puede pasar por alto la importancia de este momento en el drama divino. Jesús se ofrece a sí mismo como sacrificio perfecto. Es algo que hay que tener muy claro: *se* ofrece *a sí mismo*. Jesús no es la infausta víctima de una ejecución romana: es una víctima de amor. No le quitan la vida: es una vida que se entrega (ver también Jn 10, 17-18). Jesús entrega su vida antes de que Pilato, Caifás o Herodes decreten su muerte. Antes de que nadie le ponga la mano encima, celebra la Pascua y la transforma en la Cena del Señor: el fruto del grano de trigo después de caer en tierra y morir.

Todo esto ocurre, dice Juan, «la víspera de la fiesta de Pascua», cuando Jesús «sabía que había llegado *su hora* de pasar de este mundo al Padre» (Jn 13, 1). Gracias a los otros tres evangelios sabemos que a los pocos días Jesús bendice el pan y el cáliz de vino, afirmando que son su cuerpo y su sangre. Es curioso que el evangelio de Juan sea el único que no recoge estos detalles concretos de la comida pascual. No obstante, recoge más cosas del resto de la cena. A punto de acabar esta, narra Juan, Jesús «elevó sus ojos al cielo y dijo: "Padre, ha llegado la *hora*. Glorifica a tu Hijo para que tu Hijo te glorifique; ya que le diste potestad sobre toda carne, que él dé vida eterna a todos los que Tú le has dado"» (Jn 17, 1-2).

Sabemos cuándo ocurrirá esto: cuando llegue la hora. Sabemos qué ocurrirá: los hombres participarán de la gloria y de la comunión que comparten el Padre y el Hijo «en el Espíritu». Así pues, en este pasaje que los intérpretes llaman la «oración sacerdotal» de Jesús, el Señor ora así: «Que todos sean uno; como Tú, Padre en mí y yo en Ti, que así ellos estén en nosotros» (17, 21). No pasemos por alto la importancia de lo que traerá la hora de Jesús. Él no dice que nuestra unidad *será como* la unidad de la Trinidad: lo que dice es que nuestra unidad *será* la unidad de la Trinidad. ¡No algo parecido, sino algo idéntico! En esa hora conoceremos la comunión más íntima con Dios.

Y, nada más pronunciar esa oración, Jesús es arrestado y conducido a la muerte. Con este hecho se inicia «la hora» en su significado más literal e histórico.

LLEGA LA HORA

Aparte de su evidente significado literal —el acontecimiento histórico de la cruz— ¿qué más hemos aprendido de lo que entiende Jesús por la hora? En esa hora

— Recibimos el vino, el vino mejor (Jn 2, 1-11)
— Recibimos la capacidad de adorar de un modo nuevo: en espíritu y en verdad (Jn 4, 23-24)
— Escuchando la Palabra de Dios recibimos nueva vida (Jn 5, 25)
— Gentiles y «judíos» nos unimos para celebrar la nueva Pascua (Jn 4, 23; 12, 20; 13, 1).
— Recibimos el pan de vida, el fruto nacido del grano de trigo que muere (Jn 12, 24).
— Veremos al Cordero de Dios levantado de la tierra, atrayendo a todos los hombres hacia Él (Jn 12, 32).

Repasemos la lista: pan y vino, la Palabra del Señor, la adoración en espíritu, una nueva Pascua para judíos y griegos. ¿Cuál es la suma de todo esto?

128

Empecé a atar cabos y, al mismo tiempo, trasladé mis descubrimientos a mis alumnos de Grove City de aquellos lejanos años. Hasta los miembros de mi grupo de estudio comenzaron a encontrar sentido a las preguntas que me planteaba.

Hoy, pasados treinta y cinco años, mientras escribo esto, solo uno de los miembros de ese grupo es católico, y ese miembro soy yo. Pero me estoy adelantando a los acontecimientos…

11. LOS CÁLICES Y LA IGLESIA

Por entonces había adquirido la costumbre de consultar las interpretaciones bíblicas de los primeros Padres de la Iglesia; y mis esfuerzos no dejaban de obtener su recompensa.

Los Padres daban mucha importancia a la Biblia y a menudo atribuían una interpretación literal a lo que los intérpretes modernos nos empeñamos en asignar un significado metafórico. Para ellos las Escrituras son un todo canónico, una unidad coherente formada por el Antiguo y el Nuevo Testamento, cosa que me atraía mucho. Su enfoque de la alianza divina ofrecía consistencia y continuidad. Ellos no veían ruptura ni contradicción alguna entre las alianzas bíblicas. Y, a pesar de que organizaban sus iglesias de un modo que me resultaba sorprendente, lo hacían con total fidelidad a las Escrituras.

Sabiendo todo lo que sabía acerca de la Última Cena de Jesús, no tendría que haberme causado tanto asombro descubrir el valor que la Iglesia primitiva otorga a las copas: a sus cálices y demás vasos litúrgicos. San Juan Crisóstomo se refería a la copa empleada en la Cena del Señor como «la copa tremenda y llena de gran poder y más preciosa que toda criatura»[1].

San Ambrosio de Milán decía que los vasos utilizados en la Cena del Señor no podían usarse después para ninguna otra cosa. Nadie estaba autorizado a sacarlos de la Iglesia. Si se sustituían o se dejaban de utilizar, tenían que ser destruidos —«deshechos y fundidos»—, porque se consideraban sagrados, «consagrados… para usos santos»[2]. En su ciudad los vasos solían fabricarse en oro[3]. Algo que no era inusual: las actas de los mártires del norte de África del siglo IV —transcritas por un escribiente pagano— demuestran que entre los bienes de la Iglesia confiscados por los funcionarios romanos había «dos cálices de oro»[4].

A finales del siglo I Tertuliano describe algunos cálices litúrgicos decorados con imágenes del Buen Pastor[5] y en las excavaciones de las catacumbas romanas se han encontrado copas de este tipo bañadas en oro.

La Iglesia trataba con profunda reverencia las copas utilizadas en la Cena del Señor. Cuando los enemigos de san Atanasio quisieron prenderlo bajo falsas acusaciones, le atribuyeron los peores crímenes. Lo acusaron de asesinato y de romper un cáliz

---

[1] San Juan Crisóstomo. *Catequesis bautismales*. Segunda catequesis 1.7.

[2] Ibid.

[3] San Ambrosio de Milán. *De los oficios de los ministros* 2.28.

[4] Optato de Milevi. *Contra los donatistas*, apéndice 2.

[5] Tertuliano. *Sobre la modestia* 10.

intencionadamente: un delito considerado de suma gravedad[6] .

A mí, que era pastor evangélico, tanta reverencia por parte de los Padres, que iba mucho más allá de la tutela de los bienes de la congregación, me causaba perplejidad. ¿Cuál era su origen?

El caso es que los Padres aludían a ello sin titubeos. La respuesta la obtuve de Jerónimo de Estridón, el principal estudioso de las Escrituras de la Iglesia primitiva que tradujo —no una, sino dos veces— buena parte de la Biblia. En una carta dirigida al patriarca de Alejandría escribía:

> De tu obra admiro la utilidad que puede tener para todas las iglesias, de modo que quienes lo ignoran pueden aprender el respeto con que deben hacerse cargo de las cosas santas y servir al ministerio del altar de Cristo, es decir, a tratar los cálices sagrados, los velos santos y todo lo que toca al culto de la pasión del Señor no como objetos inútiles y carentes de sentido y santidad, sino que, como cosas que han estado en contacto con el cuerpo y la sangre del Señor, deben ser venerados con el mismo respeto que su propio Cuerpo y su propia Sangre[7].

Me pregunté si no me contaría yo —que no trataba esas cosas como «santas»— entre los «ignorantes» a los que se refiere san Jerónimo. Tampoco creía que

---

[6] Ver Sozomeno. *Historia eclesiástica* 2.23, 2.25; Teodoreto. *Historia eclesiástica* 2.6; Atanasio. *Apología contra los arrianos* 2.60, 1.11.

[7] San Jerónimo. *Cartas* 114.2.

estuvieran «realmente» en contacto con el cuerpo y la sangre de Cristo. En nuestra liturgia el pan y el vino no eran más que símbolos. Sí estaba dispuesto a afirmar que eran nuestros símbolos más importantes; pero no estaba dispuesto a venerarlos con el respeto con que Jerónimo creía que debía hacerlo.

¿Quién tenía razón: Jerónimo o yo? Cuanto más leía a los Padres y cuanto mayor era el respeto que me inspiraban sus interpretaciones bíblicas, más inseguro me sentía. Si me encontrara de repente metido con ellos en una habitación y discutiendo la naturaleza de la presencia de Jesús en la Eucaristía —y la consiguiente reverencia que la copa merecía por mi parte—, no cabe duda de que mi doctrina evangélica del sacramento y yo nos quedaríamos totalmente solos.

Esto era lo que estaba descubriendo. La *Didaché*, que probablemente no fue escrita más allá del año 48 d.C., restringía la comunión a los bautizados y a quienes estuvieran libres de pecado grave[8]. En torno al 107 d.C. Ignacio de Antioquía se refería a las especies de la Cena del Señor como «la carne de nuestro Salvador»[9] y «la sangre de Dios»[10]. De hecho, afirmaba que creer lo contrario era señal de infidelidad y de herejía[11].

Unos años después nos encontramos a san Justino Mártir empleando el mismo lenguaje «realista» para hablar de la Cena del Señor. En su *Apología primera*,

---

[8] Ver *Didaché* 9 y 14.
[9] Ignacio de Antioquía. *Carta a los esmirneanos* 7.
[10] Ignacio de Antioquía. *Carta a los efesios* 1.
[11] Ignacio de Antioquía. *Carta a los esmirneanos* 7.

dirigida al emperador Antonio Pío, explica: «Esta comida —de la cual se alimentan nuestra carne y nuestra sangre— es la Carne y la Sangre del mismo Jesús encarnado, pues en esos alimentos se ha realizado el prodigio mediante la oración que contiene las palabras del mismo Cristo»[12]. Y, basándose en el relato evangélico de la Última Cena, continúa explicando por qué es así.

Con los primeros Padres me llevé otra sorpresa descomunal: no tenían escrúpulo alguno a la hora de llamar sacrificio a la Cena del Señor. Para Ignacio la Iglesia es «el altar» o «el lugar del sacrificio»[13]. Según Justino, la Eucaristía es el sacrificio que lleva a su pleno cumplimiento la profecía de Malaquías del Antiguo Testamento:

> Pues desde donde sale el sol hasta el ocaso grande es mi Nombre entre las naciones. En todo lugar es ofrecido incienso y una oblación pura a mi Nombre, porque mi Nombre es grande entre las naciones, dice el Señor de los ejércitos (Ml 1, 11).

«Ya entonces, anticipadamente —comenta Justino—, habla de los sacrificios que nosotros, las naciones, le ofrecemos en todo lugar, es decir, del pan de la Eucaristía y también del cáliz de la Eucaristía»[14].

---

[12] San Justino Mártir. *Apología primera* 66.

[13] Ver Ignacio de Antioquía. *Carta a los efesios* 5; *Carta a los trallianos* 7; *Carta a los filadelfianos* 4.

[14] San Justino Mártir. *Diálogo con Trifón* 41.

El sacrificio de la Eucaristía; la Presencia Real de la Eucaristía… Descubrí que eran doctrinas recurrentes entre los Padres y descubrí también que guardaban continuidad con las Escrituras, como los propios Padres repetían. Las descubrí en los primeros Padres (Tertuliano, Ireneo, Orígenes, Hipólito) y las descubrí más precisas aún en los Padres posteriores (Cirilo, Ambrosio, Agustín, Juan Crisóstomo). Los Padres que tenían un conocimiento más hondo de las Escrituras mostraban una visión aún más realista del sacramento. Contaban con razones inmediatas y profundamente bíblicas para hablar de una «copa tremenda y llena de gran poder».

La lectura de las Escrituras había enseñado a Jerónimo y al Crisóstomo a reverenciar la copa. El Señor ordenó a Moisés fabricar en oro los vasos (Ex 25, 29) y el pueblo obedeció (Ex 37, 16). Josué proclamó esos vasos «consagrados al Señor» (Jos 6, 19). Para el rey David eran «vasos santos», igual que para el escriba Esdras —los vasos «son santos» (Esd 8, 28)—. El profeta Isaías advertía que quien sostuviese «los vasos del Señor» debía ser moral y ritualmente puro (Is 52, 11). Y el libro del profeta Daniel (capítulo 5) demuestra qué ocurre cuando los vasos sagrados no reciben el trato que merecen.

No hallaba ningún motivo para creer que esa reverencia quedara menguada al establecer la Nueva Alianza. Jesús tomó una copa, la bendijo, dijo que era la sangre de la alianza. Es más, identificó la copa con su sufrimiento redentor. Y ordenó a sus discípulos que ellos, a su vez, tomaran una copa e «hicieran» lo que Él había hecho.

Una vez más, me parecía que aquello exigía *más* reverencia que menos. Si Dios estaba presente en el templo de Jerusalén —en la nube de gloria (ver Ez 10, 3-4) y en el pan de la proposición— ¿cuánto más *real* tendría que ser su presencia en la liturgia de la Nueva Alianza?

UN MARTIRIO POR ESCRITO

No existía entre los Padres ni sombra de duda acerca del poder de la copa eucarística. Era, según ellos, la fuente de su fortaleza y de su coraje, y lo que les hacía capaces de obrar como Jesús: no solo de celebrar la Cena del Señor, sino de morir como Él. A lo largo de los siglos de persecución romana, los Padres se refirieron repetidamente al martirio como «copa».

Para ellos, la copa del martirio era, de hecho, la misma copa que se le ofreció a Jesús. San Policarpo de Esmirna, discípulo del apóstol Juan, daba gracias a Dios por «compartir con los mártires la copa de tu Cristo». Crescente, su secretario y testigo ocular de los hechos, cuenta que a Policarpo lo ataron a un madero como a un cordero sacrificial. En su martirio encontramos la inconfundible convergencia de significado de los símbolos pascuales: la copa, la hora y la víctima animal[15].

---

[15] *Martirio de Policarpo* 14.2. Ver también L. Goppelt en G. Kittel y G. Friedrich (eds.). *Theological Dictionary of the New Testament,* vol. 6. Grand Rapids, MI: Eerdmans, 1968, pág. 153: «Los textos de la Iglesia primitiva se basan en las palabras de Jesús relativas a la copa para convertirla en un símbolo del martirio».

A mediados del siglo siguiente —en una época de violenta persecución—, san Cipriano de Cartago emplea con frecuencia la «copa» como sinónimo de martirio. Quienes confiesan a Jesucristo «beben a placer la copa del martirio»[16]. Y es la copa de la comunión —afirma en otra ocasión— la que prepara a los cristianos «para la copa del martirio»[17]. De hecho, los cristianos buscan *a diario* esa fuerza en la Iglesia, según explica Cipriano:

> El combate que va a darse ahora será más terrible y desesperado que nunca, y para sostenerlo es menester que los soldados de Jesucristo estén aparejados con una fe a toda prueba, y con un esfuerzo a cualquier trance, recordando que si todos los días beben el cáliz de la sangre de Jesucristo es porque también pueden ellos derramar su sangre por Jesucristo[18].

Cuando pasé de la comunión cuatrianual a la comunión semanal me tildaron de excéntrico. Sin embargo, ahí estaba el testimonio de los primeros Padres acerca de la comunión diaria… y en momentos de extremo peligro, cuando reunirse en asamblea hacía a los cristianos aún más vulnerables frente a sus perseguidores.

Al continuar leyendo a los Padres, descubrí que, según Tertuliano, en la copa del martirio cristiano se cumple el versículo 6 del capítulo 17 del Apocalipsis,

---

16 San Cipriano de Cartago. *Cartas* 15.2.
17 Ibid., 53.2.
18 San Cipriano de Cartago. *Cartas* 55.1.

donde una Babilonia simbólica se embriaga con la sangre de los santos[19]. La copa que es bendición para los mártires atrae la maldición sobre Babilonia.

Al parecer, todos los testimonios de los Padres se atenían estrictamente a las Escrituras. Jesús se refirió repetidamente a su propia muerte como su «copa». A Santiago y Juan, que solicitan el privilegio de ser los primeros, les pregunta: ¿podéis beber el cáliz que yo bebo, o recibir el bautismo con que yo soy bautizado? Y, cuando contestan que sí, Jesús les dice que, en efecto, beberán su copa y recibirán su bautismo (Mc 10, 38), dando a entender que compartirán sus sufrimientos. Resulta significativo que Jesús describa dos veces su sufrimiento en clave sacramental: «bautismo» y «copa».

En el cenáculo, durante la Última Cena, Jesús dijo que la tercera copa contenía su sangre. Horas después, en el huerto de Getsemaní, oró para que se apartara de Él el cáliz del dolor (Mc 14, 36). Luego, cuando Pedro sale en su defensa frente a quienes serán sus verdugos, le dice: «Envaina tu espada. ¿Acaso no voy a beber el cáliz que el Padre me ha dado?» (Jn 18, 11).

Tanto para Jesús como para Cipriano —como para tantos miles de cristianos del Imperio romano— la copa era el martirio. Y, aun así, la bebían voluntariamente. San Agustín establece una clara conexión: «¿Qué es tomar la copa de la salvación sino imitar la Pasión del Señor?... Tomaré la copa de Cristo, beberé de la Pasión del Señor»[20].

---

[19] Tertuliano. *Scorpiace* 12.
[20] San Agustín de Hipona. *Comentarios a los salmos* 103.3.

Jesús quiso que los sacramentos fuesen imitación de su vida y comunión con su vida. Sí: tal y como me habían enseñado, eran símbolos, pero no meros símbolos, sino símbolos investidos del poder divino. La copa de la Pasión del Señor contenía un poder extraordinario, un poder temible, un «tremendo» poder.

RESPUESTAS DE LA FE A PREGUNTAS FRECUENTES

A todo crítico le llega el momento de hacer autocrítica. En mi caso había llegado ese momento. Cuando la gente me comentaba que mis creencias le parecían católicas, yo insistía en que era imposible. ¿Por qué? El caso es que yo sabía, por ejemplo, que los católicos creían que Jesús era sacrificado una y otra vez en la misa, lo cual contradecía claramente las Escrituras.

¿Y cómo sabía que eso era lo que creían los católicos?

Lo había leído en los libros de autores que merecían toda mi confianza.

No obstante, ahora que estaba leyendo las obras de los mártires de la Iglesia primitiva, empezaba a confiar en ellos en cuestiones relacionadas con la interpretación de las Escrituras. Y descubrí que creían en la Eucaristía como un «sacrificio» de carne y sangre reales. Pero en ningún sitio decían que se volvía a dar muerte a Jesús o que se le sacrificaba repetidamente.

Entonces decidí consultar algún resumen de las creencias católicas elaborado por católicos. En aquella época (la década de los 80 del siglo pasado), no

140

había autoridad católica más citada que el Catecismo de Baltimore: un sencillo compendio en forma de preguntas y respuestas de las doctrinas fundamentales; y el Catecismo enseñaba sin ambigüedades que la misa no era un sacrificio repetido[21]: en realidad, era el mismo sacrificio que el de la cruz. Y proseguía abordando el asunto con cierto detalle, aunque en términos muy sencillos:

P. ¿La misa es el mismo sacrificio que el de la cruz?

R. La misa es el mismo sacrificio que el de la cruz.

P. ¿Por qué la misa es el mismo sacrificio que el de la cruz?

R. La misa es el mismo sacrificio que el de la cruz porque la ofrenda y el sacerdote son el mismo: nuestro Señor Jesucristo; y los fines por los que se ofrece el sacrificio de la misa son los mismos que los del sacrificio de la cruz…

P. ¿Hay alguna diferencia entre el sacrificio de la cruz y el sacrificio de la misa?

---

[21] Algunos años después, en 2003, el papa Juan Pablo II se refería a esta cuestión en su encíclica *Ecclesia de Eucharistia:* «La Misa hace presente el sacrificio de la Cruz, no se le añade y no lo multiplica. Lo que se repite es su celebración memorial, la "manifestación memorial" (*memorialis demonstra*tio), por la cual el único y definitivo sacrificio redentor de Cristo se actualiza siempre en el tiempo. La naturaleza sacrificial del Misterio eucarístico no puede ser entendida, por tanto, como algo aparte, independiente de la Cruz o con una referencia solamente indirecta al sacrificio del Calvario».

R. Sí: es diferente el modo en que se ofrece. En la cruz Cristo derramó realmente su sangre y murió realmente; en la misa no hay un auténtico derramamiento de sangre ni una muerte real, porque Cristo ya no puede volver a morir. El sacrificio de la misa, a través de la consagración del pan y el vino por separado, representa su muerte en la cruz[22].

Para mí aquello suponía una auténtica novedad, extraída de un manual básico de la fe católica empleado por miles de escolares durante la primera mitad del siglo XX. Y parecía contradecir de un modo directo todo lo que había aprendido de fuentes no católicas y anticatólicas.

Por otra parte, este pasaje era una especie de resumen y de síntesis teológica de lo que había descubierto en los primeros Padres de la Iglesia. Lo que aparecía implícito en las exhortaciones de los Padres quedaba explícito en aquellas preguntas y respuestas numeradas.

Eso no me hizo católico, pero sí autocrítico y dispuesto a arrepentirme de mis falsos prejuicios y del fanatismo que había asumido tan a la ligera.

También me abrió nuevas avenidas —si no bulevares— que recorrer en mis lecturas e investigaciones. Descubrí un mundo de honda erudición que hasta entonces solo había llegado a vislumbrar en notas a pie de página. Pronto me vi asistiendo a cursos im-

---

[22] El antiguo Catecismo de Baltimore está disponible en inglés en un buen número de sitios web.

partidos en una universidad católica y conociendo a una o dos personas más que compartían mi fascinación por las alianzas bíblicas. Luego me matriculé en una institución católica, la Marquette University de Milwaukee, para cursar el doctorado.

Aún no estaba preparado para beber la copa en unión con los católicos. Pero sí estaba más que preparado para leer la Biblia en unión con ellos.

12. LA FORMA PASCUAL
DE LA LITURGIA

Hasta entonces no había asistido nunca a una misa católica. La mención de los ritos, las costumbres y la teología católicas ya no provocaba en mí ni aversión ni espanto. Ahora me dedicaba a leer a autores católicos… y, cuanto más leía, menos vergüenza sentía.

Aun así, ir a misa significaba dar un paso de gigante. La lectura de los Padres me había enseñado que la liturgia eucarística era un rito aliancista, una ocasión de lo más solemne. No tenía nada que ver con ir a ver una película o escuchar un concierto; ni siquiera con un servicio dominical de una iglesia evangélica. Si el significado que los católicos atribuían a la misa era el correcto, el mero hecho de asistir a ella constituía en el plano espiritual un acontecimiento potencialmente sísmico. ¿Estaba preparado? Obviamente, si los católicos no tenían razón, su misa era la mayor blasfemia imaginable; y yo no quería tomar parte en ella. Tratándose de la misa no existía término medio.

Cuanto más leía a los eruditos católicos, más imposible me parecía que la misa fuese una blasfemia. Yo sabía por las Escrituras que «nadie puede decir: "¡Señor Jesús!", sino por el Espíritu Santo» (1 Co 12, 3). También sabía que «si confiesas con tu boca "Jesús es el Señor", y crees en tu corazón que Dios le resucitó de entre los muertos, te salvarás» (Rm 10, 9). Los autores de aquellos libros eran hombres firmemente convencidos de la divinidad real de Jesús, de su humanidad real y de su resurrección física. Estaban deseosos de anunciar al Señor resucitado. Solo eran capaces de hacerlo «por el Espíritu Santo»; y nadie que practicara un culto blasfemo podía vivir en el Espíritu.

Así que, cuando ya estaba metido de lleno en el primer semestre de mi curso de doctorado en Marquette, reuní el coraje suficiente para asistir a una misa. Solo pretendía ser un observador: un académico que llevaba a cabo una investigación histórica. Elegí un día entresemana, porque sabía que la asistencia era menor que en domingo. Provisto de una Biblia y un cuaderno, me senté en el último banco de la capilla de la universidad. Iba muy preparado. Había obrado con la máxima cautela. Ni siquiera encerrado dentro de una burbuja de plástico podría haberme sentido más seguro.

No tardé en descubrir que no estaba preparado en absoluto. Lo que experimenté fue una inmersión en las Escrituras, tanto en el Antiguo como en el Nuevo Testamento, pero que nada tenía que ver con un estudio bíblico. Tampoco se parecía a una clase. Aquello no podía parecerle entretenido a nadie, y no había nada calculado o planificado capaz de despertar mis emociones.

Las palabras y el culto iban dirigidos a Dios. Trataban de Dios. Las formas litúrgicas eran profundamente trinitarias, igual que las bendiciones y los saludos de san Pablo. Cuando no se leía directamente la Biblia, el sacerdote pronunciaba oraciones ricas en citas y alusiones escriturísticas que iban desde el Génesis hasta el Apocalipsis.

Y, en especial, el Apocalipsis. Casi todo lo que veía en la capilla me remitía al último libro canónico. Había un altar y un sacerdote revestido. Había candelabros de oro. La gente entonaba el canto de los ángeles en el cielo: «Santo, santo, santo». Y una y otra vez Jesús aparecía mencionado como el «Cordero».

El ritual de la misa remitía al cielo —como si realmente se estuviera en él— y toda la celebración poseía un carácter pascual. No se trataba únicamente de la mención del «Cordero», cosa que solo tiene sentido en relación con la Pascua de Jesús: la misa entera estaba llena de símbolos pascuales. Si aquel día descubrí muchos de ellos, fui descubriendo aún más cada vez que volví a asistir a misa durante los días siguientes.

No tuve más remedio que concluir que la renovación de la alianza que celebraban los católicos era coherente y estaba en continuidad (llevándola a su plenitud) con la renovación de la alianza que celebraba el antiguo Israel. Y era también profundamente escriturística y cristocéntrica.

Detengámonos en las partes de la misa más claramente pascuales: esas que descubriría cualquiera familiarizado con el Séder.

UN MONTÓN DE CORDEROS

En la misa la referencia a la Pascua más evidente es la del Cordero. Aunque las oraciones aluden a otros

ritos del Antiguo Testamento —como el de Melquise-
dec (Gn 14, 18-20)—, el principal es el del Cordero.

Se menciona al principio de la misa en el Gloria:
«Señor Dios, Cordero de Dios, Hijo del Padre, tú que
quitas el pecado del mundo».

En el rito de la comunión el Cordero aparece mencionado cinco veces de seguido:

Todos: «*Cordero* de Dios, que quitas el pecado del mundo, ten piedad de nosotros. *Cordero* de
Dios, que quitas el pecado del mundo, ten piedad
de nosotros. *Cordero* de Dios, que quitas el pecado, danos la paz».

Sacerdote: «Este es el *Cordero* de Dios que quita el pecado del mundo. Dichosos los invitados a
la cena del Señor».

Una de las plegarias eucarísticas más conocidas
también se refiere a Jesús como Cordero, aunque la
palabra en sí no aparezca. La Plegaria Eucarística sobre la Reconciliación I comienza el relato de la institución ofreciendo de forma explícita el contexto de
la Pascua y la renovación de la alianza: «Pero antes
de que sus brazos extendidos entre el cielo y la tierra
trazasen el signo indeleble de tu alianza, él mismo
quiso celebrar la Pascua con sus discípulos». La oración que viene a continuación describe la propia misa
en términos pascuales: «El memorial de tu Hijo Jesucristo, nuestra Pascua y nuestra paz verdadera». Al
igual que san Pablo (1 Co 5, 7), esta oración emplea
«Pascua» como una abreviatura equivalente al «Cordero pascual».

En la misa ocurre lo que ocurre en la Pascua: las oraciones establecen el carácter de la celebración. Es un «banquete del Cordero» solemne; es un sacrificio y la víctima es «el Cordero». La sangre del Cordero atrae la «misericordia» sobre el Pueblo Elegido por Dios.

PODÉIS IR EN PAZ, ALELUYA

Otra oración típicamente pascual es el «aleluya» cantado o recitado antes del evangelio. No es más que una palabra y suele usarse tanto que apenas nos fijamos en ella. No obstante, en este caso es significativa porque los judíos de tiempos de Jesús la relacionaban sobre todo con la Pascua.

La Iglesia primitiva le concedía tanto valor que no aparece traducida ni en la Biblia ni en los textos litúrgicos (ver Ap 19, 1-6). Al igual que el término hebreo «amén», se consideraba sagrada en virtud de lo que expresaba. «Aleluya» (o «halleluya») significa literalmente «¡Alabad a Yavé!»: es el tema predominante de un conjunto de salmos que destacan por el efusivo honor que rinden al Todopoderoso por las obras de la creación y la redención. Como he dicho antes, reciben el nombre colectivo de «Hallel», el término hebreo que significa «alabanza».

En la Pascua estos himnos bíblicos festivos se recitaban reunidos en torno a la mesa del Séder. El ritual los dividía en dos categorías: una larga (el gran Hallel) y otra relativamente breve (el pequeño Hallel).

Según la Mishná, en el siglo I tuvo lugar un debate acerca de cuáles eran los salmos que debían formar parte de cada categoría[1]. La escuela del rabí Shamai prescribía únicamente el salmo 113 para el pequeño Hallel, mientras que la escuela del rabí Hilel le añadía el 114. No sabemos por cuál de las dos se decantarían Jesús y sus discípulos.

En cualquier caso, el pequeño Hallel se recitaba antes de la cena. El gran Hallel, la larga secuencia que incluía desde el salmo 115 hasta el 118, se recitaba junto con la cuarta copa[2]. Ese fue el himno que cantaron Jesús y los once al salir del cenáculo y dirigirse al huerto de Getsemaní.

Durante su cena de renovación de la alianza la Iglesia católica emplea a veces como lectura uno u otro de los salmos del Hallel, pero conserva el espíritu de esos cantos pascuales en el aleluya recitado o cantado antes del evangelio.

En Cuaresma la Iglesia suprime el aleluya. ¿Por qué? Porque la Cuaresma es el tiempo de preparación para la Pascua cristiana. Cuando los católicos (sobre todo en Occidente) vuelven la hoja del calendario y pasan de la Cuaresma a la Pascua, la palabra «aleluya» no solo recupera su lugar habitual antes del evangelio, sino que además empapa las oraciones de la misa durante los cincuenta días que dura la Pascua. Para los cristianos, igual que para los judíos de tiempos de Jesús —y para el propio Jesús—, «aleluya» es la palabra más característica de la Pascua. Retomando unas palabras tan queridas por el papa san Juan

---

[1] *Mishná Pesajim* 10.6.
[2] *Mishná Pesajim* 10.7.

Pablo II, «somos un pueblo pascual y [por eso] nuestro canto es aleluya»[3].

UNA OFRENDA QUE NO PUEDES NEGARTE A ACEPTAR

Uno de los ejes centrales de la misa —en el que la liturgia pasa de las lecturas a las ofrendas— es el ofertorio, momento en el que las oraciones son más perceptiblemente pascuales.

Veamos en primer lugar las siguientes bendiciones del Séder pascual: la primera se pronuncia sobre el pan ácimo y la segunda sobre la copa de vino. Si eres católico —o si no lo eres, pero has ido alguna vez a misa—, estas palabras te resultarán familiares.

> Bendito eres, oh Señor, Dios nuestro, Rey del Universo, que creas el fruto de la tierra.

> Bendito eres, oh Señor, Dios nuestro, Rey del Universo, que creas el fruto de la vid.

Veamos ahora las bendiciones pronunciadas junto con el pan y el vino en el ofertorio de la misa:

> Bendito seas, Señor, Dios del universo, por este pan, fruto de la tierra y del trabajo del hombre, que recibimos de tu generosidad y ahora te presentamos; él será para nosotros pan de vida.

---

[3] San Juan Pablo II. Ángelus, 30 de noviembre de 1986.

Bendito seas, Señor, Dios del universo, por este vino, fruto de la vid y del trabajo del hombre, que recibimos de tu generosidad y ahora te presentamos; él será para nosotros bebida de salvación.

No hace falta ser licenciado en historia o en filología hebrea para distinguir la evolución que se ha producido: a las bendiciones de la mesa empleadas tradicionalmente en el Séder se les suma un añadido para destacar el cumplimiento de la Pascua en Jesucristo; y, en concreto, en Jesucristo tal y como está a punto de hacerse presente, con una presencia real, en la Eucaristía.

Incluso yo, un protestante de toda la vida sentado en frío en la capilla de Marquette, reconocí el origen de esas oraciones y comprendí qué hacía la Iglesia con ellas.

UN TOQUE AÑADIDO

En el ofertorio no distinguí la Pascua solamente en lo que se decía: la descubrí también en lo que se hacía. Apenas hace falta mencionar lo que resulta obvio: los elementos básicos ofrecidos eran pan ácimo y vino. Tanto el vino como el pan formaban parte de cualquier banquete judío, pero el pan *ácimo* era característico de una única fiesta: la Pascua.

Incluso el modo en que el sacerdote preparaba el vino remitía a la festividad judía. Los judíos, como la mayoría de los pueblos de la antigüedad, bebían vino mezclado con agua[4]. El «fruto de la vid» que almacenaban era muy denso y estaba muy concentrado, por lo que lo diluían antes de servirlo en la copa. Yo conocía esta costumbre no solo por el Séder, sino por el Antiguo Testamento, en el que también aparecen mencionadas estas copas de vino diluido de los banquetes: un «vino mezclado» (ver Sal 75, 8; Pr 9, 2). La explicación del Séder que recoge la Mishná contiene abundantes referencias en este sentido: «Se vierte un poco de agua para debilitar la fuerza del vino…; mezclan una segunda copa de vino…; mezclan la tercera copa»[5].

Como ya he señalado, hasta a los pobres se les garantizaban sus cuatro copas del Séder; y el Talmud prescribía las proporciones de esa mezcla para que nadie lo celebrara con un vino falto de sabor y de fuerza.

La Iglesia primitiva dio continuidad a esta práctica. Lo que dice san Justino Mártir en su *Apología primera* nos proporciona un excelente testimonio —recogido en torno al año 150 d.C.— que recuerda las palabras y las acciones del Séder pascual (y de la misa celebrada aquel día, conmigo dentro de la capilla): «Se presenta pan y un vaso de agua y vino al que preside de los hermanos y él, tomándolos, tributa alabanzas y gloria al Padre de todas las cosas»[6].

Más tarde, en ese mismo siglo, la práctica de la copa mezclada queda corroborada por san Ireneo en

---

[4] Dennis E. Smith. *From Symposium to Eucharist: The Banquet in the Early Christian World*. Minneapolis: Fortress Press, 2003, p. 32.

[5] *Mishná Pesajim* 10.2-7.

[6] San Justino Mártir. *Apología primera* 65.

dos ocasiones: en una de ellas Ireneo comenta que «cuando la copa de vino mezclada con agua y el pan preparado para el hombre reciben la Palabra de Dios, se convierten en la Eucaristía de la sangre y del cuerpo de Cristo»; y en la otra, recurriendo a la autoridad de Jesús, afirma que «la mezcla en la copa es su sangre»[7].

San Cipriano decía que hay muchas y buenas razones para mezclar el vino con agua en la misa, aunque la más importante es el ejemplo de Jesús[8]. Además, aventuraba alguna interpretación alegórica de la mezcla del agua y el vino: el vino representa a Jesús y el agua a la Iglesia terrenal[9] (un punto en el que coincidía con Ireneo). San Ambrosio sostenía que el vino y el agua evocaban claramente la sangre y el agua que brotaron del costado del Señor clavado en la cruz (Jn 19, 34)[10].

MARQUETTE: MISIÓN, VISIÓN Y VALORES

Como hemos visto, la misa se hace eco de la liturgia pascual judía de muchos modos, y no solo en detalles pequeños sino en su estructura global. Incluye un recuerdo activo por medio de las lecturas señaladas (la Liturgia de la Palabra). Incluye la consuma-

---

[7] San Ireneo de Lyon. *Contra las herejías* 5.2.3.

[8] San Cipriano de Cartago. *Carta a Cecilio* 2. (Según la edición de que se trate, se le asignan los números 62 o 63).

[9] Ibid. Clemente de Alejandría expone una interpretación alegórica de este modo de obrar: ver *El pedagogo* 2.2.

[10] San Ambrosio de Milán. *Sobre los sacramentos* 5.1.4.

ción de un sacrificio (la Liturgia Eucarística). En la Pascua judía la víctima del sacrificio es el cordero; en la misa es el Cordero de Dios, que tomó el pan sin levadura y afirmó que era su cuerpo. Llegados aquí, vale la pena traer de nuevo a colación la exhortación de san Pablo: «Porque Cristo, nuestro Cordero pascual, fue inmolado. Por tanto, celebremos la fiesta, no con levadura vieja ni con levadura de malicia y de perversidad, sino con ácimos de sinceridad y de verdad» (1 Co 5, 7-8).

Fue en Marquette donde descubrí por primera vez a algunos historiadores de la liturgia que comparaban la estructura de la misa con las antiguas liturgias judías y la analizaban por partes y en su conjunto. Señalaban que la parte esencial de la misa era su hagadá: el relato de la institución que contiene la plegaria eucarística. En ella el sacerdote empleaba las palabras de Jesús para pronunciar la bendición y aclaraba el significado de lo que había sobre la mesa. Los eruditos, desde el francés Louis Bouyer hasta el italiano Enrico Mazza, señalaban que la plegaria eucarística católica sigue la estructura y el eje temático de la bendición que los judíos pronuncian sobre el pan (*birkat hamazón*).

En algún momento di con un libro de Edward J. Kilmartin, S.J. titulado *The Eucharist in the Primitive Church* [*La Eucaristía en la Iglesia primitiva*], en el que encontré una exposición fascinante acerca de la influencia de las tradiciones de la Pascua judía en la liturgia cristiana primitiva. Pero encontré también algo más que me hizo frenar en seco. El padre Kilmartin ofrecía una descripción que podía aplicarse tanto al Séder como a la misa. Después de plantear su tesis, la dividía en varios puntos antes de pasar a analizarlos. Esos puntos son (con ligeras variaciones) los siguientes:

> Es una fiesta litúrgica que incluye un sacrificio…
> … acompañado de un banquete cultual…
> … celebrado comunitariamente…
> … del pueblo elegido…
> … se lleva a cabo en el presente y conmemora un rescate ocurrido en el pasado…
> … aguarda una intervención final de Yavé en el futuro[11].

En el plano intelectual todo esto lo comprendí sentado en la biblioteca teológica de Marquette mientras tomaba notas. Pero el sentido real lo asumí sentado día tras día en el último banco de la capilla de la universidad.

Me moría literalmente de hambre de Eucaristía: ahora sabía que era «Cristo nuestra Pascua». Un hambre que se hizo embarazosamente evidente la primera vez que fui a misa. En la consagración me descubrí salivando —y llorando— al darme cuenta de que ahí estaba realmente Jesús, ofreciéndome su propia carne como «pan bajado del cielo».

---

[11] Edward J. Kilmartin, S.J. *The Eucharist in the Primitive Church*. Englewood, NJ: Prentice-Hall, 1965, p. 46-47.

13. LA PASCUA CRISTIANA

Yo deseaba la comunión con Cristo. Deseaba beber su copa, junto con su Iglesia, pese al sufrimiento y al sacrificio que aquello significaría. Mi esposa, Kimberly, se oponía a mi conversión al catolicismo. Era hija y hermana de pastores presbiterianos, y no podía entender qué me estaba ocurriendo: a mí y a su propia vida, esa vida que con tanto esmero habíamos planeado. Algunos amigos nuestros le decían que el divorcio estaba justificado; pero para ella el divorcio era aún más aborrecible de lo que imaginaba que sería el catolicismo (que era lo mismo que yo había imaginado hasta entonces).

Al principio le prometí que esperaría cinco años antes de incorporarme a la Iglesia. Pero cada día que pasaba a mí me parecía cinco años y estaba seguro de no poder soportarlo más de mil veces. Cuando le supliqué que me liberara de mi promesa, accedió.

Por esas fechas conocía ya a algunos pastores de la zona, así que me lancé al asalto de uno de ellos y pedí ser admitido cuanto antes. Estábamos en Cuaresma. Monseñor Fabian Bruskewitz sopesó la situación. Yo me estaba doctorando en teología. Tenía un máster en teología. Había estudiado en profundidad las Escrituras, a los Padres y la tradición. Y llegó a la conclusión de que sabía lo suficiente para tomar una decisión consciente y que estaba preparado.

Durante la vigilia pascual recibí de manos de monseñor Bruskewitz el *grand slam* sacramental del bautismo condicional, la sagrada comunión y la confirmación. A partir de ahí comencé a ver las cosas de un modo diferente. Ahora las fuertes palabras de Jesús —sobre la regeneración bautismal, sobre su Presencia Real y sobre la absolución sacramental— empezaron a calar en mi alma, en mi cabeza y en mis huesos.

En aquella Cuaresma de 1986 no podía saber el giro radical que traería consigo esa vigilia pascual no solo para mí, sino también para Kimberly. Aunque aquella noche se mostró muy afligida e incluso se refirió a ella como la peor de su vida, empezó a darse cuenta de la hondura bíblica de los ritos de la Iglesia católica. Si contamos los salmos responsoriales, la liturgia contiene diecisiete extensas lecturas de las Escrituras: mucha más Biblia de lo que ella, hija de un pastor, había escuchado durante un servicio dominical.

Pocos años después también ella seguiría esos mismos ritos.

Haciendo la Pascua

A día de hoy la Pascua es más importante para mí (y para Kimberly) que cualquier otra fecha del calendario: más importante aún que nuestros respectivos cumpleaños o nuestro aniversario de boda. Es el día en que empezó para nosotros una nueva vida, la plenitud de la vida. Es el día en que recibimos la misericordia de Dios con una abundancia inimaginable. Es el día en que Dios «pasó de largo» delante de nuestro hogar porque nos habíamos lavado en la sangre del verdadero Cordero.

La Pascua cristiana es la Pascua de los judíos y así la celebraban los primeros cristianos. De hecho, a esa festividad la llamaban «Pascua»; y la mayoría de las lenguas modernas emplean el mismo término para referirse a las fiestas judía y cristiana. Las palabras que utilizan se derivan del término hebreo *Pésaj*: *Pascua* para los españoles, *Pasqua* para los italianos, *Pasen* en holandés, *Iphasika* en zulú. Todos estos términos proceden de *Pésaj*. Tan solo unos pocos idiomas —el inglés (*Easter*), el alemán o el polaco— usan una palabra que no guarda relación con la Pascua.

Fue la primera fiesta cristiana que se celebró anualmente. No sabemos cuándo se inició esta costumbre, pero la primera evidencia la hallamos a principios del siglo II; y los Padres de aquella época aseguraban que su tradición se remontaba a los apóstoles. El rito cristiano no era un Séder, sino más bien una lectura del relato de la pasión y la resurrección de Jesús en el que se intercalaban la predicación y la recepción de los sacramentos de iniciación: el bautismo, la confirmación (la crismación) y la eucaristía. El oficio de vigilia empezaba avanzada la noche y terminaba al amanecer del día de la resurrección. Entonces como hoy, era costumbre recibir a los nuevos conversos dentro de la Iglesia durante la liturgia de la vigilia pascual.

La Escritura nos habla de la importancia que la Iglesia primitiva atribuía a la unidad: «La multitud de los creyentes tenía un solo corazón y una sola alma» (Hch 4, 32). La Pascua era una cuestión tan importante como para amenazar ese vínculo. ¿Por qué esa controversia?

En Oriente muchos cristianos adquirieron la costumbre —que atribuían al apóstol Juan— de celebrar todos los años la resurrección el *mismo día* de la Pascua judía, que se conmemora el día 14 del mes hebreo de Nisán. De ahí que aquellos cristianos recibieran el nombre de cuartodecimanos (que significa literalmente «catorcinos»).

Sin embargo, en Occidente la Iglesia fijó la fiesta el domingo posterior a la Pascua judía (a menos que esta cayera en domingo) para hacer hincapié en la importancia del Día del Señor como el día de la Resurrección.

Los papas de Occidente amenazaron a las Iglesias orientales con la excomunión. A su vez, los obispos (Policarpo e Ireneo sobre todo) exhortaron a la mutua tolerancia, y ambas costumbres mantuvieron durante siglos una coexistencia complicada. Pero la Pascua era tan importante que la Iglesia no pudo seguir viviendo con esa tensión. En el año 325 el concilio de Nicea zanjó definitivamente la cuestión imponiendo en toda la Iglesia la celebración de la *Pascha* en domingo.

La evidencia con que contamos sugiere que la Iglesia primitiva asignó a su fiesta la celebración conjunta de la pasión, la muerte y la resurrección de Jesús, que constituían el Misterio Pascual.

La Pascua conmemoraba el sacrificio de Jesús de una vez para siempre. Pero también conmemoraba

160

la recepción —año tras año, generación tras generación— por parte de los creyentes de la gracia del sacrificio de Jesús, quien dijo a sus discípulos: «Beberéis el cáliz que yo bebo y recibiréis el bautismo con que yo soy bautizado» (Mc 10, 39). Y los creyentes viven el Misterio Pascual en el bautismo y en la Eucaristía: en la copa. La Pascua para nosotros es un sacrificio, pero también un misterio: un misterio sacramental. El pan que partimos es la comunión real en el cuerpo del Señor; la copa que compartimos es la auténtica comunión en su sangre, que es la sangre de la alianza. No existe nada más auténtico ni más genuino. Los católicos tienen buenas razones para emplear expresiones como «Presencia Real». Igual que san Pablo, celebramos la fiesta con ácimos de sinceridad y de verdad, y esos ácimos son la verdadera carne, el verdadero cuerpo de Jesús, el Cordero de Dios.

Sin pena no hay gloria

Al enterarse de mi conversión, los amigos que me conocían de Gordon-Conwell no salían de su asombro. Y se quedaron más asombrados aún al escucharme hablar en estos términos. En nuestras conversaciones yo procuraba eludir el tema de las diferencias entre católicos y protestantes para poder movernos en el mismo terreno.

Tanto católicos como protestantes —les decía— coinciden en que el sacrificio de Jesús tuvo lugar en el Calvario «de una vez para siempre» (Hb 7, 27; 10, 10; 1 P 3, 18). No hay más sacrificio redentor que la cruz.

Pero para un judío del siglo I el Calvario no tenía nada que ver con un sacrificio. Ningún judío practicante habría regresado a su casa y relatado lo que había visto refiriéndose a un sacrificio. Para ellos un sacrificio debía tener lugar dentro del Templo, sobre un altar y con un sacerdote levita presidiéndolo. La crucifixión de Jesús se llevó a cabo fuera de las murallas, donde no existía Templo alguno, sin levita y sin altar. Era una sangrienta ejecución romana, no un sacrificio.

¿Qué es lo que convertía la ejecución de Jesús en un sacrificio?

El momento en que se produjo esa conversión fue la ofrenda de Jesús de su cuerpo y de su sangre en la Última Cena. Él mismo se refirió a esa ofrenda en términos sacrificiales y ordenó a sus apóstoles que la repitieran hasta el fin de los tiempos en memoria suya: «Haced esto en memoria mía». La llamó Nueva Alianza (Lc 22, 20), haciéndose eco de las palabras de Moisés al ratificar la Antigua Ley con un sacrificio (Ex 24, 8). También los apóstoles contemplaban ese memorial en términos sacrificiales: «Porque Cristo, nuestro Cordero pascual, fue inmolado» (1 Co 5, 7). Hasta los alimentos que había sobre la mesa representaban la separación sacrificial de la carne (el pan) y la sangre (el vino).

Lo que hizo del viernes santo un sacrificio y no una ejecución es la Última Cena; y lo que hizo del sacrificio un sacramento es el domingo de Pascua. El cuerpo de Cristo fue glorificado, de modo que hoy puede ser comunicado a los fieles. De hecho, la Eucaristía es el *mismo* sacrificio que ofreció Jesús instituyendo la Eucaristía y muriendo en el Calvario; solo entonces es divinizada y divinizadora su sagrada humanidad. Es el sacrificio que ofrece como sumo sacerdote en el cielo y en la tierra.

Eso es el santo sacrificio de la misa. Si la Eucaristía solo fuera una cena, el Calvario solo habría sido una ejecución.

Resulta difícil subestimar la importancia de la acción eucarística de Jesús. El relato de la institución aparece en los tres evangelios sinópticos, así como en la carta a los corintios de Pablo: es la cita más extensa que este recoge de las palabras de Jesús. El teólogo Robert Daly ha llamado a las palabras de la institución —«este es mi cuerpo… esta es mi sangre»— una «profecía actualizada que anticipa la muerte de Jesús, una revelación del acto salvador de Cristo que apunta y explica el significado de la muerte de Jesús»[1].

La ofrenda sacerdotal de Jesús en la Última Cena convierte su ejecución en el Calvario en un sacrificio. El Misterio Pascual lleva a su plenitud la antigua observancia: algo acerca de lo cual he hallado una sucinta explicación en un manual ecuménico sobre el culto:

> La Pascua de Cristo culminó y trascendió la Pascua judía. La Eucaristía se instituyó en el contexto pascual, lo que indica que a través de la Eucaristía la Pascua de Cristo, su obra redentora, nos alcanza a todos. La Eucaristía es la *anamnesis* o memorial de la Pascua de Cristo. Igual que el misterio

---

[1] Robert J. Daly. *Christian Sacrifice*. Washington, DC: Catholic University of America Press, 1978, p. 224.

pascual fue la culminación de la obra redentora de Cristo, así la Eucaristía se convierte en la culminación y el centro del culto cristiano[2].

Algunos de mis compañeros de seminario y antiguos colegas en el ministerio estaban deseando escucharme —al principio porque era el único modo que tenían de tratar lo que consideraban mi «descarrío»—. Pero al final hubo algunos —y no fueron pocos— dispuestos a unirse a mí en la mesa del Señor para beber la copa de bendición.

¿Y Pentecostés?

El domingo de Pascua de 1986 me desperté eufórico… y seguí eufórico mucho tiempo. Para los católicos la Pascua no es solo cuestión de un día: la octava de Pascua dura ocho y cada uno de ellos se celebra como un domingo. La Iglesia recita el Gloria en todas las misas. Y esa alegría dura todavía más. El tiempo de Pascua se alarga hasta la solemnidad de Pentecostés.

Pentecostés es una fiesta importantísima que hoy, a mi juicio, pasa muy desapercibida. En cualquier caso, merece nuestra atención, porque está íntimamente relacionada con los temas de este libro: la Pascua y la cuarta copa.

De todas las fiestas del calendario judío solamente dos se han conservado como fiestas cristianas: Pascua

---

[2] Cheslyn Jones et al. *The Study of Liturgy*, ed. rev. Londres: SPCK, 1978, p. 11.

164

y Pentecostés, las cuales —junto con Sukot, la «fiesta de las cabañas»— eran las tres fiestas de peregrinación del antiguo judaísmo. El libro del Éxodo (23, 14-17) exigía a todos los varones israelitas celebrar estas tres fiestas en Jerusalén, la ciudad santa.

La Pascua y Pentecostés estaban estrechamente unidas. De hecho, el nombre de Pentecostés tiene su origen en la relación que guarda con la Pascua. *Pentecostés* deriva del término griego que significa «quincuagésimo»: es el quincuagésimo día de los que siguen a la Pascua.

Los judíos del siglo I conmemoraban el éxodo el día de Pascua. El día de Pentecostés celebraban la entrega de la Ley de Dios en el Monte Sinaí. El primer evento estaba ordenado al segundo. Los israelitas no fueron liberados solamente para vagar sin rumbo, sino para poder recorrer los caminos de Dios: los caminos señalados por los Diez Mandamientos. En la Antigua Alianza la Pascua apuntaba a Pentecostés. Puede que la Pascua fuese la celebración más solemne —la cima del calendario—, pero exigía la otra fiesta para quedar consumada.

En la Nueva Alianza hallamos la misma dinámica. La Pascua de Jesús apunta a su consumación en el Pentecostés cristiano con el don del Espíritu Santo. En el cuarto evangelio escuchamos varias veces a Jesús insistiendo en este punto: por ejemplo, en la Última Cena —¡su cena pascual!—, cuando dice a sus discípulos que el Paráclito enviado por el Padre completará su obra (Jn 14, 16 y 26; 15, 26; 16, 7).

Santos y estudiosos de todos los siglos no han dudado en advertir otra relación más sutil.

Cuando Jesús bebe la cuarta copa pascual está padeciendo en la cruz. Esa copa se la ofrecen en una esponja atada a una rama de hisopo (el mismo tipo de rama que Moisés mandó emplear para rociar la sangre de la alianza —ver Ex 12, 22—). San Juan, testigo ocular de los hechos, elige cuidadosamente sus palabras para describir lo ocurrido en ese momento; y es Dios quien le inspira cada una de las palabras elegidas.

«Jesús, cuando probó el vinagre, dijo: "Todo está consumado". E inclinando la cabeza, entregó el espíritu» (Jn 19, 30).

Llegados a este punto, no puedo sino retomar la pregunta: *¿qué* está consumado?

Está consumada la Pascua. Se ha cumplido la Pascua; una Pascua iniciada la noche antes como Pascua de la Antigua Alianza que llega a su consumación en la cruz el viernes santo: en la Pascua de la Nueva Alianza.

Jesús ha bebido la cuarta copa. Todo está consumado. Y en esa consumación, en una prefiguración del don que recibiría la Iglesia en Pentecostés, «entregó el espíritu»,. Cabe señalar también que, según el relato de Juan, «desde aquel momento» (19, 27) entregó a su madre, así como su sangre y agua sacramentales (19, 34), como dones ofrecidos a la Iglesia de sus amados discípulos.

El sacrificio se ha ofrecido de una vez para siempre. La Pascua ha quedado transformada. Ahora solo resta su aplicación a la Iglesia hasta el fin de los tiempos.

14. LA FORMA PASCUAL DE LA VIDA

Lo que te ofrezco en estas páginas es un relato de mi vida; o, al menos, de una pequeña parte de mi vida. Se trata, desde luego, de un relato más extenso que el de cualquiera de mis conferencias o ensayos anteriores sobre «la cuarta copa». Y lo he escrito porque me sentido llamado a hacerlo.

Aun así, ningún libro más extenso dejaría de ser una pequeña llamada al lado de la gran llamada que Jesús nos hace a ti y a mí. Nuestra vocación no consiste únicamente en ofrecer el relato de nuestra vida, sino toda nuestra vida. Esa es nuestra vocación común. Esa es la copa que hemos bebido, el bautismo con que hemos sido bautizados.

«Por eso me ama el Padre, porque doy mi vida para tomarla de nuevo. Nadie me la quita, sino que yo la doy libremente. Tengo potestad para darla y tengo potestad para recuperarla. Éste es el mandato que he recibido de mi Padre» (Jn 10, 17-18), dice Jesús.

Entregamos nuestra vida si tomamos su cruz. Fíjate en que estas palabras de Jesús no se dirigen exclusivamente a un grupo pequeño de personas, sino a «la muchedumbre»: «Si alguno quiere venir detrás de mí, que se niegue a sí mismo, que tome su cruz y que me siga» (Mc 8, 34).

Ese es el mensaje de la Última Cena. Esta es la paradoja que los cristianos llaman el Misterio Pascual: «El que quiera salvar su vida la perderá; pero el que pierda su vida por mí y por el Evangelio la salvará» (Mc 8, 35). Durante aquel Séder Jesús afirmó que el pan ácimo era su cuerpo y que la copa de bendición era su sangre. No se trataba de una metáfora, sino de lo que los filósofos llaman un «acto de habla», semejante a la palabra por la que Dios creó el mundo (ver Hb 11, 3). «Porque Él habló, y existió, Él lo ordenó, y se mantuvo» (Sal 33, 9). Esta ha sido la fe inalterable de los cristianos desde la primera generación. Ha sido su fuerza: *nuestra* fuerza.

El Misterio Pascual no consiste solamente en una serie de acontecimientos históricos que tuvieron lugar en torno al año 30 d.C. El Misterio Pascual es algo en lo que *penetraban* los primeros cristianos, algo que compartían —una copa— todos los domingos cuando asistían a la Eucaristía.

Al tomar la copa por voluntad propia, aceptaban la invitación de Jesús a beber el cáliz del dolor bebido por Él (Mc 10, 28-39). Los primeros cristianos estaban dispuestos a entregar sus vidas voluntariamente —y entregarlas al martirio— igual que Isaac, dispuesto a convertirse en el sacrificio de su padre, e igual que cualquier otro «cordero inmolado» desde la creación del mundo. Es algo que los mártires no habrían podido hacer solos: recibieron la fuerza de la copa de Cristo que renovó la alianza y concedió la vida de la gracia.

Lo que llevó a cabo Jesús y lo que Jesús hizo posible fue la perfecta ofrenda de sí mismo, la ofrenda de una víctima sin mancha dispuesta a serlo. Solo Él podía hacerlo, porque solo Él poseía la perfección divina libre de pecado.

Pero Jesús no está solo: ha querido compartir ese poder. Ha querido compartir el poder redentor de sus sufrimientos con cualquiera que acepte su invitación a beber la copa que contiene su sangre; el poder que hizo a Pablo capaz de decir: «Ahora me alegro de mis padecimientos por vosotros, y completo en mi carne lo que falta a los sufrimientos de Cristo en beneficio de su cuerpo, que es la Iglesia» (Col 1, 24). Pablo pudo alegrarse de sus sufrimientos porque sabía que eran redentores si iban unidos en santa comunión al sufrimiento de Jesús.

En cierto sentido, no hay nada nuevo en ninguna de estas afirmaciones: se han podido leer entre líneas desde la creación del mundo. Pero la entrega que hace Jesús de sí mismo es, en otro sentido, totalmente nueva, porque es entonces cuando esa entrega se completa, se revela y se comunica.

El cáliz del dolor

Los Padres de la Iglesia ya veían esa conexión. «¿Qué es tomar la copa de la salvación —se preguntaba san Agustín— sino imitar la Pasión del Señor?... Tomaré la copa de Cristo, beberé de la Pasión del Señor». Para el santo obispo de Hipona la copa es una gracia ofrecida a los hombres libres que quieran recibirla y beberla voluntariamente.

Es un profundo misterio por qué se rechaza esta oferta de Jesús. Desde luego, no será porque de ese modo se podrá evitar el sufrimiento. El sufrimiento, explica san Agustín, es nuestra herencia desde que Adán mezcló «nuestra copa del dolor... nuestro cáliz de fatigas». «A nadie se le dispensa de *esa copa del dolor*» (la cursiva es mía). El llanto del recién nacido, dice, da fe de ello[1].

El sufrimiento es inevitable, tan inexorable como la muerte. Aun así, nuestra naturaleza se resiste a él. Procuramos de modo consciente evitar el dolor a cualquier precio: a veces, a costa incluso de nuestro futuro.

Es la misma dinámica que observamos en Jesús, perfecto hombre. Del Séder pascual Jesús pasó al huerto de Getsemaní, donde sufrió una cruel agonía y oró rostro en tierra: «Padre mío, si es posible, aleja de mí este cáliz» (Mt 26, 39). En el límite del dolor humano, derramó gotas de sangre y sudor. Jesús es Dios y conoce perfectamente las torturas que le aguardan. Su cuerpo reacciona con una repugnancia y una aversión extremas. Eso es lo natural. Aun así, responde aceptándolo y sometiéndose: «Pero que no sea tal como yo quiero, sino como quieres tú» (Lc 22, 42).

La escena de Jesús y el cáliz es sumamente importante: por eso hay que entenderla bien. Jesús no es un hombre libre de temores. No es un superhéroe extraño, tan diferente de nosotros que somos incapaces de

____

[1] San Agustín. *Sermones sobre el Nuevo Testamento* 60.

aprender de Él. Jesús experimenta un temor físico genuino. Pero sus temores están rectamente ordenados. Sí, se resiste a la copa del dolor, a la copa de fatigas. Sí, teme lo que va a suceder. Pero no son esos sus mayores temores: aún mayor es su aversión a *cualquier cosa que no sea la voluntad de su Padre.*

El temor es algo natural: ha sido creado por Dios, quien ha infundido en nosotros ese instinto saludable. El temor, por lo tanto, es bueno: nos ayuda a conservar nuestra vida física.

Pero Jesús nos enseña que hay otras cosas por encima de la vida física. Existe una vida divina que quiere compartir con nosotros… si vivimos como Él vivió y morimos como Él murió. A esa vida la llamamos «cielo», que no es algo lejano en el espacio y en el tiempo. Empieza en nosotros con el bautismo y crece en nosotros cada vez que bebemos la copa eucarística.

Dios quiere que vivamos con Él eternamente. Pero, en su misericordia, nos aclimata para esa vida desde ahora. Nos la ofrece en la copa de bendición.

No hay ganancia sin dolor

De no ser así, a nosotros nos resultaría imposible vivir esa vida. Carecemos por naturaleza de la capacidad de vivir como vive Dios y de amar como ama Dios. Si queremos experimentar el amor, la alegría y la paz del cielo desde ahora, necesitamos experimentarlo en Jesús, Dios y Hombre.

Eso no significa que se nos evitará el dolor. Es preciso hacer hincapié en este punto. San Pablo era mucho más santo de lo que tú y yo lo seremos nunca y, sin embargo, no se libró del sufrimiento. Recuerda que dijo que *se alegraba* de sus padecimientos; y no se estaba refiriendo a los callos en los pies ni al frío cotidiano.

Tres veces me azotaron con varas, una vez fui lapidado, tres veces naufragué, un día y una noche pasé náufrago en alta mar. En mis repetidos viajes sufrí peligros de ríos, peligros de ladrones, peligros de los de mi raza, peligros de los gentiles, peligros en ciudad, peligros en despoblado, peligros en el mar, peligros entre falsos hermanos; trabajos y fatigas, frecuentes vigilias, con hambre y sed, con frecuentes ayunos, con frío y desnudez. Y además de esas cosas, mi responsabilidad diaria: el desvelo por todas las iglesias. ¿Quién desfallece sin que yo desfallezca? (2 Co 11, 25-29).

Es más: Pablo identifica sus sufrimientos con una crucifixión que acepta de buen grado.

Con Cristo estoy crucificado: vivo, pero ya no vivo yo, sino que Cristo vive en mí. Y la vida que vivo ahora en la carne la vivo en la fe del Hijo de Dios, que me amó y se entregó a sí mismo por mí (Ga 2, 20).

Si ni Jesús ni Pablo quedaron eximidos de sufrimientos, nadie debería esperar quedar eximido.

Pensad en los israelitas cuando llega la primera Pascua. Dios hace grandes milagros para librarlos de la esclavitud. Pero ellos se olvidan de su divino salvador en cuanto sienten el primer cansancio de una vida errante, la primera punzada del hambre, la primera sensación de sed. Abandonan a Dios y acuden a los ídolos.

El filósofo judío Filón de Alejandría comentaba que los israelitas no llegaron a entender la Pascua. Dios instituyó los símbolos del Séder para guiar a su pueblo hacia una vida virtuosa en la que sus temores y sus deseos estuvieran rectamente ordenados y todo subordinado a la voluntad divina. El pan pascual debería haber enseñado a los hebreos a rechazar la levadura del orgullo. Las hierbas amargas deberían haberles enseñado cierta indiferencia frente a la comodidad y el placer. El cordero asado con prisas les debería haber enseñado a privarse de aderezos y lujos. Era de esperar que el Séder les enseñase a disciplinar sus cuerpos y su voluntad[2].

El Pueblo Elegido fracasó, pero ese fracaso fue providencial: toda la raza humana pudo conocer su impotencia para evitar el pecado, su incapacidad de obrar siempre bien.

El poder sobre el pecado —el poder de hacer el bien— solo llegaría con el bautismo y la copa de bendición de Jesús.

Jugando con la Pascua

En su predicación a los Padres les encantaba jugar con la palabra «Pascua». Tanto en griego como en inglés [como en español]— este término (*Pascha*)

---

[2] Filón de Alejandría. *Problemas y soluciones sobre el Éxodo* 1.11-17.

guarda parecido con la palabra «pasión» o sufrimiento (*pascho*).

Los Padres no eran masoquistas ni morbosos: sencillamente, asumían la condición de esta vida terrenal. Es significativo que la primera meditación exhaustiva sobre la Pasión no se centre en el dolor físico de Cristo, sino en su sufrimiento moral en el huerto de los Olivos. San Máximo el Confesor optó por predicar sobre la lucha interior de Jesús ante la cuarta copa antes que sobre los clavos que desgarraron su carne.

El amor de Jesús por nosotros tiene su máxima expresión en su hora, en su copa, en su sufrimiento: en el Misterio Pascual. Somos muy dados a olvidarlo. Queremos experimentar lo placentero del amor. Esa es la idea que nos gusta tener del amor. Y es bien cierto que no hay placer mayor que el amor.

Pero el amor que causa estas sensaciones placenteras —el disfrute de la presencia de otro— no es idéntico a esas sensaciones placenteras. El amor puede subsistir en ausencia de placer. Pensemos en la esposa que cuida de un marido con demencia avanzada. Ella ya no sabe lo que es el placer de la conversación: él no le regala nada ni le envía flores; cuando lo levanta para trasladarlo de la silla a la mesa, nota el peso de ese cuerpo que fue tan hermoso.

Esa mujer sufre por el bien de otro. Se dona desinteresadamente, igual que Cristo. Conoce el peso de la alegría que significa el amor verdadero.

Sé de un hombre que vive una situación similar: es muy mayor y se dedica a tiempo completo a cuidar de su esposa enferma. Un día, su hijo mayor expresó en voz alta su temor de que tanta dedicación acabara con su padre. Este se limitó a levantar una ceja y a contestar: «¿Prefieres que me muera jugando al golf?».

¿Dónde moriría más feliz ese padre: disfrutando del *green* o en su casa, *plenamente entregado* al amor?

Hace unos años el papa Benedicto XVI se expresaba con claridad en un encuentro improvisado: «No es posible amar sin dolor, porque el amor implica siempre renunciar a nosotros mismos, salir de nosotros mismos, aceptar a los demás con su diferente manera de ser; implica una entrega de nosotros mismos y, por lo tanto, salir de nosotros mismos»[3].

Para eso nos ha estado preparando Dios desde la creación del mundo. Y no somos capaces de hacerlo si vivimos enredados en el pecado. Antes de «salir de nosotros mismos» debemos adueñarnos en cierta medida de nuestras vidas. Antes de entregarnos debemos tener algún control sobre nosotros mismos. Necesitamos al menos cierto grado de autodominio. El verdadero amor —el amor que se dona, el amor que da vida— exige sacrificio, y el sacrificio conlleva sufrimiento.

Eso es lo que hace el que ama. El amor es la respuesta al misterio del dolor. El dolor es la respuesta al misterio del amor. Solo en Jesús —y de un modo particular en el Misterio Pascual— reveló Dios la respuesta a los perennes misterios de nuestra existencia.

Con su Pasión y su Pascua, Jesús nos guía, nos enseña y nos capacita para vivir la vida del cielo, que es

---

[3] Encuentro de Benedicto XVI con los párrocos y sacerdotes de las diócesis de Belluno-Feltre y Treviso. Martes 24 de julio de 2007.

amor. Su vida nos empuja primero a imitarle; luego a buscar la unión con Él; y, finalmente, a dejarle actuar en nosotros. Así se cumple la voluntad del Padre. A través del Misterio Pascual —de la hora, de la copa— entramos en comunión con Jesús. Compartimos su vida. Participamos de ella.

Nuestro dolor es su Pasión: un dolor pasional, pero no pasivo en sentido negativo. El propio Jesús pone el acento en ello. *Toma* su cruz y nos invita a tomar la nuestra. Nadie le quita la vida: es Él quien la entrega. Quiere que nosotros hagamos lo mismo y nos da la gracia para hacerlo. Vamos creciendo en esa vida a medida que correspondemos a la gracia. Crecemos, sí, con la práctica: con la práctica de la virtud; pero sobre todo con la práctica de los sacramentos pascuales.

Testigo de la persecución

La gracia y la misericordia de Cristo nos hace capaces a su vez de dar testimonio, aunque solo sea limitándonos a aceptar la «copa» que no podemos evitar. Porque la Eucaristía transformará nuestro sufrimiento en sacrificio. La cuestión no es que Jesús padeciera y muriera para que nosotros no tuviésemos que padecer y morir. No se trata de una mera sustitución. Se trata de un misterio representativo y participativo. Jesús padeció y murió para dotar a nuestros sufrimientos de un valor redentor: un valor que nunca podrían haber poseído por sí mismos. Padeció y murió para investirnos de su amor. Lo hizo para que nuestro amor, sin disminuir nuestro sufrimiento ni evitarnos el dolor,

176

transformase ese dolor en una pasión santa, el sufrimiento en sacrificio. Lo hizo para que nuestra vida en Cristo pueda culminar en una muerte santa.

Para ser testigo cristiano no hace falta morir en un espectáculo público. Ni siquiera en el caso de los mártires lo esencial era el carácter público de su muerte: lo esencial era el carácter eucarístico de la entrega de sí mismos[4]. En fechas tan tempranas como el año 107 san Ignacio de Antioquía se compara a sí mismo con una libación de vino vertido en el Coliseo romano, con el trigo molido por los dientes de las fieras[5]. Pocos años después, las últimas palabras de san Policarpo de Esmirna adquieren forma eucarística y su cuerpo abrasado no desprende el hedor de la carne quemada, sino el aroma del pan horneado y del incienso[6].

En circunstancias extremas los mártires toman sus palabras de la liturgia eucarística. Dan forma a su entrega a partir de la acción eucarística de Jesús. Así descubrimos la conexión no solo entre la ofrenda de Jesús durante el Séder y su consumación el viernes santo: la descubrimos también entre nuestra participación en la copa eucarística y nuestra participación en el misterio de una muerte santa. San Agustín lo expresa muy bien:

---

[4] El cardenal Donald Wuerl desarrolla esta idea de un modo espléndido en el capítulo 12 de su libro *To the Martyrs* (Steubenville, OH; Emmaus Road, 2015). En *From Written Texto to Living Word in the Liturgy* (Nueva York: Image, 2005, p. 102-106) trato este tema de forma exhaustiva.

[5] San Ignacio de Antioquía. *Carta a los romanos* 4.

[6] *Martirio de Policarpo* 14-15.

Los mártires reconocieron qué comían y qué bebían para devolverle lo mismo… «¿Qué devolveré al Señor por todos los bienes que me devolvió?». «Recibiré el cáliz de la salvación»… ¿Qué cáliz es este? El cáliz de la pasión, amargo y saludable; cáliz que, si no hubiera bebido primero el médico, hubiera temido hasta tocarlo el enfermo. Ese es el cáliz de que habla. Reconocemos este cáliz en la boca de Cristo al decir: «Padre, si es posible, pase de mí este cáliz»… Refiriéndose a ese cáliz dijeron los mártires: «Recibiré el cáliz de la salvación e invocaré el nombre del Señor»… ¡Oh bienaventurados, que así bebisteis este cáliz! Para ellos se acabaron los dolores y recibieron los honores[7].

El martirio es imitación de Cristo y anticipación del cielo. Las obras de Jesús durante su ministerio público fueron la expresión perfecta y visible de su vida eterna con el Padre y el Espíritu Santo. La suya es una vida de entrega infinita. Quiere que lo sepamos. Es más: quiere que lo vivamos, con Él, mientras vivamos: es decir, para siempre.

Y eso empieza desde ya. Nuestra vida eucarística, dentro de la Iglesia, es pascual, pentecostal y trinitaria. Escuchemos a san Pablo:

… clamamos «¡Abbá, Padre!»… pues el Espíritu mismo da testimonio junto con nuestro espíritu de que somos hijos de Dios. Y si somos hijos, también herederos: herederos de Dios, coherederos de

---

[7] San Agustín. *Sermón 329.*

Cristo; *con tal de que padezcamos* con él, para ser con él también glorificados (Rm 8, 15-17; la cursiva es mía).

En el Espíritu sufrimos con el Hijo mientras amamos al Padre. Recordad que, según san Pablo, el dolor no es algo opcional.

Últimas palabras

El sufrimiento redentor forma parte integral de nuestra historia original. Eso es lo que significa para nosotros mostrarnos a imagen y semejanza de Dios. Por el poder del Espíritu Santo, nuestro sufrimiento perfecciona nuestra caridad, mientras que nuestra caridad transforma nuestro sufrimiento en un sacrificio vivo que permite a Dios abrirse camino en nuestras vidas.

También hoy cantamos el sufrimiento de nuestro Salvador y su amor haciéndolos sinónimos: «¡Alzad la cruz, proclamad el amor de Cristo!». Pero no es la magnitud del sufrimiento de Cristo lo que nos ha salvado, sino la magnitud de su amor. En la Última Cena el amor transformó su sufrimiento en una ofrenda; y ese amor es la Eucaristía. La Eucaristía hizo del Calvario un sacrificio y no una mera ejecución.

En la cruz Jesús invirtió la muerte, le dio la vuelta. Solemos asociar el momento de la muerte con la pérdida de la vida. No obstante, Jesús la convirtió en ocasión de dar vida. No perdió nada: entregó su vida plena y libremente. La transformó en un don, en una oración, en un sacrificio.

Enseñándonos a morir nos enseñó a vivir. La hora de su deshonra y de su muerte no fue una derrota, sino una victoria de la vida y el amor sobre el pecado y la muerte. Y lo mismo se puede aplicar a nuestra propia deshonra, a nuestra debilidad, nuestra aflicción, nuestros desalientos, nuestras negaciones y nuestra propia vida.

Jesús entró en la gloria de su reino en el mismo momento en que manifestó la esencia de ese reino, que es el amor hasta el final, el amor incluso frente al odio. Jesús prometió: «Os aseguro que desde ahora no beberé de ese fruto de la vida hasta aquel día en que lo beba con vosotros de nuevo, en el Reino de mi Padre» (Mt 26, 29). Y cumplió esa promesa.

¿Cuándo bebió Jesús su cuarta copa? En la hora de su muerte, cuando su sacrificio quedó consumado.

¿Cuándo la beberemos nosotros? En la hora de nuestra muerte, cuando quede consumado el testimonio de nuestra vida.

Este libro es de principio a fin la historia de mi conversión. Me gustaría decir que mi conversión a Jesús fue completa cuando me encontré con Él por primera vez, pero no sería verdad. La conversión nunca es un acontecimiento puntual. Está siempre en curso y es cada vez más profunda. Como le sucedió a san Pedro. Como le sucedió a san Pablo.

Solo con la muerte queda consumada nuestra Pascua, cuando de verdad podamos decir, como Jesús, «todo está consumado».

BIBLIOGRAFÍA

BERMAN, Joshua. *The Temple: Its Symbolism and Meaning Then and Now*. Northvale, NJ: Jason Aronson, 1995.

BOKSER, Baruch. *The Origins of the Seder: The Passover Rite and Early Rabbinic Judaism*. Berkeley: University of California Press, 1984.

BOUYER, Louis. *Eucharist: Theology and Spirituality of the Eucharistic Prayer*. Notre Dame, IN: University of Notre Dame Press, 1968.

—. *The Paschal Mystery*. Londres: Allen & Unwin, 1951.

BROWN, Raymond E. *The Death of the Messiah: From Gethsemane to the Grave*. Nueva York: Doubleday, 1994.

CANTALAMESSA, Raniero, O.F.M. *Easter in the Early Church*. Collegeville, MN: Liturgical Press, 1993.

CORSINI, Eugenio. *The Apocalypse*. Wilmington, DE: Michael Glazier, 1983.

CULLMANN, Oscar. *Early Christian Worship*. Londres: SCM Press, 1956.

CULLMANN, Oscar; LEENHARDT, F.J. *Essays on the Lord's Supper*. Londres: Lutterworth Press, 1958.

DALY, Robert J., S.J.. *Christian Sacrifice: The Judaeo-Christian Background Before Origen*. Washington, DC: Catholic University of America Press, 1978.

DANIÉLOU, Jean, S.J. *The Bible and the Liturgy*. Notre Dame, IN: University of Notre Dame Press, 1956.

—. *From Shadows to Reality: Studies in the Typology of the Fathers*. Londres: Burns & Oates, 1960.

—. *The Theology of Jewish Christianity*. Chicago: Regnery, 1964. [*Teología del judeocristianismo*. Madrid: Cristiandad, 2004].

DAUBE, David. *The New Testament and Rabbinic Judaism*. Londres, 1956. (Peabody, MA: Hendrickson, 1994, reimp.).

DAVILA, James R. *Liturgical Works*. Eerdmans Commentaries on the Dead Sea Scrolls, vol. 6. Grand Rapids, MI: Eerdmans, 2000.

DE LA TAILLE, Maurice. *The Mystery of Faith*, 2 vols. Nueva York: Sheed & Ward, 1950.

DE VAUX, Roland, O.P. *Ancient Israel: Its Life and Institutions*. Nueva York: McGraw-Hill, 1965.

FEELEY-HARNICK, Gillian. *The Lord's Table: The Meaning of Food in Early Judaism and Christianity*. Washington, DC: Smithsonian Institution Press, 1982.

HAHN, Scott. *El alimento de la palabra. Nuevo Testamento y Eucaristía en la Iglesia primitiva*. Madrid, Rialp, 2014.

—. *A Father Who Keeps His Promises: God's Covenant Love in Scripture*. Ann Arbor, MI: Servant, 1998.

—. *La cena del Cordero.* Madrid, Rialp, 2016.

—. *Letter and Spirit: From Written Text to Living Word in the Liturgy.* Nueva York: Doubleday, 2005.

HAHN, Scott; HAHN, Kimberly. *Roma, dulce hogar.* Madrid, Rialp, 2000.

HAMMAN, Adalbert, O.F.M. (ed.). *The Paschal Mystery: Ancient Liturgies and Patristic Texts.* Staten Island, NY: Alba House, 1969.

HUGENBERGER, Gordon P. *Marriage as a Covenant: Biblical Law and Ethics as Developed from Malachi.* Grand Rapids, MI: Baker Books, 1998.

JEREMIAS, Joachim. *The Eucharistic Words of Jesus.* Londres: SCM Press, 1966, 3ª ed.

JOHNS, Loren L. *The Lamb Christology of the Apocalypse of John: An Investigation into Its Origins and Rhetorical Force.* Eugene, OR: Wipf and Stock, 2015.

JONES, Cheslyn; WAINWRIGHT, Edward Y. et al. (eds.). *The Study of Liturgy,* ed. rev. Londres: SPCK, 1978.

JUNGMANN, Josef A., S.J. *The Early Liturgy: To The Time of Gregory the Great.* Notre Dame, IN: University of Notre Dame Press, 1959.

—. *The Eucharistic Prayer.* Notre Dame, IN: Fides, 1964.

—. *The Mass of the Roman Rite: Its Origins and Development.* 2 vols. Allen, TX: Christian Classics, 1986.

—. *The Place of Christ in Liturgical Prayer.* Londres: Geoffrey Chapman, 1965.

KILMARTIN, Edward, S.J. *The Eucharist in the Primitive Church.* Englewood, NJ: Prentice-Hall, 1965.

KLINE, Meredith G. *By Oath Consigned: A Reinterpretation of the Covenant Signs of Circumcision and Baptism.* Grand Rapids, MI: Eerdmans, 1968.

KOENIG, John. *The Feast of the World's Redemption: Eucharistic Origins and Mission.* Harrisburg, PA: Trinity Press International, 2000.

LANE, W.L. *The Gospel According to Mark.* Grand Rapids, MI: Eerdmans, 1974.

LAPORTE, Jean. *The Celebration of the Eucharist: The Origin of the Rite and the Development of Its Interpretation.* Collegeville, MN: Pueblo Books, 1999.

—. *Eucharistia in Philo.* Nueva York: Edwin Mellen, 1983.

MAZZA, Enrico. *The Origins of the Eucharistic Prayer.* Collegeville, MN: Pueblo Books, 1995.

PITRE, Brant. *Jesus and the Jewish Roots of the Eucharist: Unlocking the Secrets of the Last Supper.* Nueva York: Doubleday, 2011.

—. *Jesus and the Last Supper.* Grand Rapids, MI: Eerdmans, 2015.

RATZINGER, Joseph. *Feast of Faith.* San Francisco: Ignatius Press, 1986. [*La fiesta de la fe.* Bilbao: Desclée de Brouwer, 1999).

—. *The Spirit of the Liturgy.* San Francisco: Ignatius Press, 2000. [*El espíritu de la liturgia.* Madrid: Cristiandad, 2001].

SANDERS, E.P. *Judaism: Practice and Belief 63 BCE-66 CE.* Londres: SCM Press, 1992.

SARNA, Nahum. *Exploring Exodus: The Heritage of Biblical Israel.* Nueva York: Schocken Books, 1986.

SCHAUSS, Hayyim. *The Jewish Festivals: A Guide to Their History and Observance.* Nueva York: Schocken Books, 1996 (reimp.).

SKARSAUNE, Oskar. *In the Shadow of the Temple: Jewish Influences on Early Christianity*. Downers Grove, IL: InterVarsity Press, 2002.

SMITH, Dennis E. *From Symposium to Eucharist: The Banquet in the Early Christian World*. Minneapolis: Fortress Press, 2003.

TABORY, Joseph. «The Crucifixion of the Paschal Lamb». *Jewish Quarterly Review,* enero-abril 1996.

THURIAN, Max. *The Eucharistic Memorial*. Richmond, VA: John Knox Press, 1962.

TROCMÉ, Etienne. *The Passion as Liturgy*. Londres: SCM Press, 1983.

VANDERKAM, James C. *From Revelation to Canon.* Boston: Brill, 2000.

WUERL, Donald. *To the Martyrs*. Steubenville, OH: Emmaus Road, 2015.

ZEITLIN, Solomon. «Jesus and the Last Supper». *The Passover Haggadah*. Edición de Nahum N. Glatzer. Nueva York: Schocken Books, 1989.

ESTE LIBRO, PUBLICADO POR
EDICIONES RIALP, S. A.,
MANUEL URIBE, 13-15. 28033 MADRID,
SE TERMINÓ DE IMPRIMIR
EN ARTES GRÁFICAS ANZOS, S. L.,
FUENLABRADA (MADRID),
EL DÍA 14 DE JULIO DE 2023.